Ulrich Magin
Kluge Scheiße

Ulrich Magin

Kluge Scheiße

Handbuch für Besserwisser

HERDER

FREIBURG · BASEL · WIEN

DANKSAGUNG

Dieses Buch ist, wie stets, Susanne
und meinen Eltern gewidmet.
Für Informationen zu Einträgen danke ich
Regina Magin, Theresa Hüther und Katrin Magin.

FSC
www.fsc.org
MIX
Papier aus verantwortungsvollen Quellen
FSC® C106847

www.herder.de

Umschlagkonzeption und -gestaltung:
R·M·E Eschlbeck/Kreuzer/Hanel
Umschlagmotive: © Designbüro gestaltungssaal
Sabine Hanel / Alexandra Gober

Satz: Layoutsatz Kendlinger Mediendesign, Freiburg
Herstellung: fgb · freiburger graphische betriebe
www.fgb.de

Printed in Germany

ISBN 978-3-451-30529-0

Vorwort

Wer erfand die Büroklammer? Und wo und wann? In welchen Städten gibt es Denkmäler für Seeungeheuer zu besichtigen? Wie verhält man sich, wenn ein Grauer Riffhai angreift? Welches altägyptische Wort, das in den deutschen Sprachschatz eingegangen ist, benutzen wir im Sommer fast täglich? Seit wann hat eine Fußballmannschaft elf Spieler – und wie viele waren es vorher? Warum lohnt sich ein Banküberfall auf der Südseeinsel Yap nicht? Wer war das erste Opfer eines Autounfalls?

Diese und viele andere Fragen, die man sich sicherlich noch nie gestellt hat, werden in diesem Buch kompetent beantwortet, obwohl man die Antwort mit größter Sicherheit nie braucht.

Aber wer weiß: Vielleicht fahren Sie ja mal nach Yap und wissen dann schon, warum Geld umzutauschen sinnlos wäre. Oder Sie werden Mittelpunkt einer Party, indem Sie wissenschaftlich nachweisen, dass man tatsächlich im Kreis geht, wenn man sich verirrt hat.

Denn: Nutzlos mag das Wissen in diesem Buch zwar sein – aber interessant ist es immer!

Denken Sie aber stets daran – bei jeder Tatsache gibt es mindestens drei Experten, die anderer Meinung sind, und zwei davon befinden sich mit Ihnen in diesem Raum.
Viel Spaß beim Lesen, Stöbern und Angeben wünscht Ihnen

Ulrich Magin

Aa

Mindestens 298 Bäche und Flüsse in Deutschland tragen den Namen Aa.

Aachen

Aachen ist einzigartig, aber nur in Deutschland – nicht in Frankreich. Der Name der Stadt stammt vom germanischen Ahha für Wasser (vgl. Aa), auf Französisch heißt sie Aix-la-Chapelle (Aachen die Kapelle), um sie von den Dutzenden anderer Aachens zu unterscheiden, die es in Frankreich gibt, darunter das bekannte Aix-en-Provence, aber auch Aix-en-Diois, Aix-en-Ergny, Aix-en-Issart, Aix-en-Othe, Aix-la-Fayette, Aix-les-Bains, Aix-Noulette, Île-d'Aix oder Aixe-sur-Vienne. In Frankreich gibt es also mehr Aachens als in Deutschland.

Aal

Aale können sich beträchtliche Strecken über Land schlängeln und mehrere Stunden außerhalb des Wassers aufhalten. Aale sehen die Welt schwarz-weiß und unscharf mit nur 6000 Stäbchen pro Quadratmillimeter Netzhaut (beim Menschen sind es 400 000 Sehzellen pro Quadratmillimeter Netzhaut).

Aas

Das Wort Aas kommt vom althochdeutschen *az*, das Futter bedeutet und mit dem modernen Wort *essen* zusammenhängt. Guten Appetit!
Der Plural von das Aas lautet entweder die Aase oder die Äser.

Aberglaube

Für die Chinesen ist der „Mann im Mond" eine Kröte.

Es gibt keine Kornkreise in der Berliner Innenstadt.

Im frühen Mittelalter glaubte man, dass Ehebrecher keinen Käse herstellen könnten.

Eine Riesenmuschel in der Mitte, umgeben von zwei konzentrischen Kreisen mit jeweils 33 (innen) und 66 (außen) Riesenmuscheln, gilt auf der Südseeinsel Tonga als Warnzeichen.

In Indonesien stärkt es die Liebeskraft, wenn man das Herz des Flughundes (*Pteropus vampyrus*) verspeist. Das bringt das Tier an den Rand des Aussterbens.

In Japan bringt es Unglück, einen Kamm so in die Hand zu nehmen, dass die Zähne zum Körper hin zeigen.

Mitte April 2005 ergab eine Umfrage des Instituts für Demoskopie Allensbach am Bodensee, dass nach wie vor 42 Prozent der Deutschen daran glauben, dass es Glück bringt, wenn man ein vierblättriges Kleeblatt findet.

In der Walpurgisnacht vom 30. April zum 1. Mai muss der Bauer neunerlei unterschiedliche Kräuter ausgraben und seinen Kühen zu fressen geben, damit sie nicht verhext werden können.

Abfluss

Es stimmt nicht, dass das Badewasser auf der Nordhalbkugel der Erde gegen den Uhrzeigersinn strudelt, sich aber auf der Südhalbkugel im Uhrzeigersinn dreht.

Actionfigur

2001 vermarktete eine englische Firma eine „unsichtbare Actionfigur" namens „Invisible Jim". Die Blisterpackung war leer – sie enthielt nichts. Die Firma wollte ein eindeutiges Statement gegen „schwachsinnige Actionpuppen" geben, verdiente aber auch gut. Die „Figur, die niemals verloren geht", kostete im Einzelhandel 1,99 Pfund – die Herstellung des Verpackungsmaterials aber nur 5 Cent.

Affig

Der amerikanische Primatologe R. M. Yerkes glaubte in den 1920ern, er habe das Problem der Kommunikation der Affen gelöst. Er veröffentlichte gar ein Wörterbuch der Affensprache: *agak-m* bedeutete Spaß am Kauen eines Birkenzweiges und *Ägahk* Hunger oder Durst.

Der Urwaldheld Tarzan hat seinen Namen laut seinem Erfinder Edgar Rice Burroughs aus der Sprache der intelligenten afrikanischen Riesenaffen. Tarzan bedeutet: Weißhaut.

Akroporen

Akroporen sind goldgelbe Korallen.

Aktie

Süße Aktien Wer eine Aktie kauft, erwartet eine Dividende. Kann man diese auch in Naturalien ausschütten? Ja, und zwar selbst in Deutschland. Manche Winzer-AG zahlt Dividende in Form von Wein, Brauereien in Form von Bier, ein Schweizer Süßwarenhersteller in Form hochwertiger Schokoladentafeln aus. Aber: Die Tafel Schokolade muss beim Finanzamt als Gewinn angegeben werden (nach dem sonst dafür gezahlten Richtpreis), oder das Süßmaul begeht Steuerhinterziehung!

Alaska

Die Einwohnerzahl des US-Bundesstaats Alaska entspricht in etwa der von Frankfurt am Main.

Die Küstenlinie Alaskas ist länger als die gesamte nordamerikanische Atlantikküste von Florida bis Neufundland.

Die Vereinigten Staaten kauften Alaska am 30. März 1867 vom russischen Zarenreich für 7,2 Millionen Dollar, das entsprich 50 Cent pro Hektar. Aber erst am 3. Januar 1959 wurde das Gebiet offiziell ein Bundesstaat der USA – der 49.

Aliens

Am 21. Dezember 1996 entdeckte die Familie Damti in einer Pfütze aus grüner Flüssigkeit eine „Alienleiche“ in Achihod, Israel. Uri Geller bot der Familie eine Million Dollar für das einmalige Fundstück an – bis der Mikrobiologe Dr. Rachelle Fishman als Salamanderembryo identifizierte.

Alkohol

Als der Sudan im Herbst 1983 unter Präsident Jaafar Numeiri die islamische Scharia einführte, ließ er Alkohol im Wert von 15 Millionen Sudanesischen Pfund in den Nil kippen.

Alphabet

Die Buchstaben des Alphabets lassen sich auf 26! (ausgesprochen 26 Fakultät, also 1 x 2 x 3 x 4 x 5 x 6 … x 25 x 26) Arten zusammensetzen. Diese hohe Zahl entspricht der Menge von Wassermolekülen in einer Badewanne.

Unser modernes Alphabet wurde um 1000 v. Chr. von den Phöniziern entwickelt – vorher hatte es nur Silbenschriften gegeben. Als Merkhilfe stellten die Buchstaben Worte dar, die mit dem betreffenden Laut begannen. A = *aleph* = der Stier (unser A zeigt, wenn man es auf dem Kopf stellt, noch immer einen Rinderkopf mit zwei Hörnern); B = *beth* = Haus (mit zwei Räumen); G = *gimel* = Kamel (der Höcker).

Alter

In Abchasien (Georgien) gilt die Behauptung, man „sehe jung aus“, als Beleidigung. Will man jemandem ein Kompliment machen, sagt man: „Sie sehen heute aber alt aus.“ Hintergrund ist die Hochschätzung von Alter und Weisheit in dieser Kultur.

Ameise

Eine Ameise – die durchschnittliche Arbeiterin, der wir begegnen – hat eine Lebensdauer von sechs Jahren. Eine Ameisenkönigin aber lebt zwischen 25 und 29 Jahre lang.

Eine Ameise wiegt im Schnitt zwischen sieben und zehn Milligramm. Sie (bzw. die weibliche Arbeiter-Ameise) kann das Sechzigfache ihres Körpergewichts tragen. Das wäre so, als stemmte ein siebzig Kilo schwerer Mann 4,2 Tonnen! (Je nach Quelle kann eine Ameise auch nur das Zehn- oder Dreißigfache oder gar das Hundertfache ihres Körpergewichts tragen. Vielleicht gibt es unterschiedlich starke Ameisen!)

Ameisen fallen immer nach rechts um, wenn sie vergiftet werden – das kann man auf vielen Texten über „ungewöhnliche Fakten" lesen. Es ist eine falsche Übersetzung des Amerikanischen „intoxicated" (betrunken, nicht vergiftet!), aber selbst das stimmt nicht. Es gibt keine wissenschaftlichen Studien dazu, doch hat May Berenbaum, eine Professorin für Entomologie (Insektenkunde) an der Universität von Illinois, zumindest alle Hinweise untersucht: Ameisen fallen nicht um, weder nach rechts noch nach links, sie torkeln nur und ein Kamerad bringt sie zurück ins Nest, wo sie vermutlich ihren Rausch ausschlafen.

Amerika

Von 1949 bis 1990 war Amerika völkerrechtlich ein Teil der DDR – Amerika in Sachsen, ein heute in die Stadt Penig eingemeindeter Weiler im Landkreis Mittelsachsen im Freistaat Sachsen mit rund achtzig Einwohnern.

Ampel

Die welterste Ampel wurde am 10. Dezember 1868 vor dem House of Parliament in London aufgestellt. Sie war gasbetrieben und explodierte bald. Nach der Erfindung des elektrischen Lichts traute man sich erneut an „Lichtsignalanlagen“. Die erste Elektroampel nahm ihren Betrieb am 5. August 1914 in Cleveland, USA, auf. Sie hatte nur zwei Lichtzeichen: rot und grün. Die ersten Ampeln mit „gelb“ als Signal für die Signaländerung gab es sechs Jahre später in New York und Detroit. Der ersten beiden Ampeln Kontinentaleuropas stammen von 1922 und wurden in Paris und Hamburg aufgestellt.

Thimphu, der Sitz des Königs von Bhutan, ist die einzige Hauptstadt der Welt ohne eine Ampel.

Analphabeten

Nach einer Studie der Universität Hamburg gibt es in Deutschland 7,5 Millionen Analphabeten. Bei denen, die nicht oder nur sehr schwer lesen und schreiben können, stellen Männer mit 60,3 Prozent die Mehrheit, Frauen liegen mit 39,7 Prozent auf dem zweiten Platz.

Archäologie

In der Türkei wurde am 3. September 1993 in einem Bergwerk bei Akpinar nahe Kemerburgaz am Schwarzen Meer ein deutsches U-Boot aus dem Ersten Weltkrieg entdeckt. Die Kumpels arbeiteten in dreißig Metern Tiefe in der rund vierzig Kilometer von Istanbul entfernten Grube, als sie auf das U-Boot UB-46 stießen, das am 7. Dezember 1916 auf eine Mine geprallt und auf den Meeresboden gesunken war – bis es die türkischen Kumpels fanden.

Arche Noah

Ein lebensgroßes Modell der Arche Noah kann man in Dordrecht bei Rotterdam in den Niederlanden bestaunen. Im Jahre 2008 von Johan Huibers erbaut, einem Prediger, misst das Schiff 137 Meter in der Länge und 23 Meter in der

Breite. Der Körper des Schiffes besteht aus 25 Stahllastkähnen, innen befindet sich ein Konferenzraum mit einem Fassungsvermögen von 1500 Menschen, und das Rettungsschiff ist mit Modellen aller Tierarten ausgestattet.

Ärmelkanal

Der Ärmelkanal, der Großbritannien von Frankreich trennt, entstand erst um 6000 v. Chr. durch eine Sturmflut.

Astrologie

Falsches Horoskop Unsere Geburtstage und die damit verbundenen Tierkreiszeichen, nach denen wir unser Horoskop in der Zeitung suchen, stimmen längst nicht mehr überein. Als die Astrologie um 1500 v. Chr. in Babylon begründet wurde, teilten die alten Gelehrten den Horizont in zwölf gleiche Abschnitte ein, denen jeweils ein Sternbild zugeordnet war. Jeden Monat ging die Sonne in einem anderen Abschnitt dieses „Tierkreises“ auf, und dieses „Tierkreiszeichen“ beherrschte das Horoskop. Durch das Wanken der Erdachse aber haben sich die Sonnenaufgänge und das dazugehörige Tierkreiszeichen längst verschoben. Damals trat um den 21. März die Sonne ins Sternbild Widder, heute befindet sie sich mitten im Sternbild Fische. Wo die Sonne zuvor zwischen Steinbock und Wassermann war (Mitte Januar), ist sie heute im Schützen. Und so geht das für alle Sternbilder!

Astronomie

Jeder von uns sieht täglich Dinge, die es längst nicht mehr gibt. Da Entfernungen im All so groß sind und Licht sich nur mit 299 792,458 Kilometer pro Sekunde bewegt (das Licht der Sonne ist acht Minuten unterwegs, bevor es auf die Erde fällt), sind viele der Sterne, die wir jede Nacht sehen, vielleicht schon längst erloschen – zumindest sehen wir sie in dem Zustand, in dem sie sich vor Jahren, Jahrzehnten oder Jahrtausenden befanden. Vom Mond zur Erde braucht das Licht übrigens 1,28 Sekunden, von der Sonne zum Pluto schon fünfeinhalb Stunden.

Atlantiküberquerung

Etwas verspätet ... Jeder weiß, dass Charles Lindbergh mit seiner „Spirit of St. Louis" als erster nonstop den Atlantik in einem Flugzeug überquerte. Doch das stimmt nicht. In Wirklichkeit war er der Siebenundsechzigste! Zuerst flogen Sir John Alcock und Sir A. Whitton Brown 1919, im selben Jahr überquerte das englische Luftschiff R 34 mit 31 Mann an Bord den Atlantik, es folgte 1924 der deutsche Zeppelin ZR 3 mit 33 Mann an Bord. Lindbergh war aber der Erste, der es allein tat!

Atlantis

Der sagenhafte versunkene Kontinent könnte auch in Ihrer Nähe liegen. Gesucht und gefunden wurde er unter anderem bereits in Schweden, bei Helgoland, in Cornwall, in Irland, bei der Insel Gavrinis vor der Bretagne, auf einer heute versunkenen Untiefe in der Straße von Gibraltar, in Andalusien, in der Mündung des Guadalquivir, auf Sizilien, in Nordafrika und im Benin, auf der griechischen Insel Santorin, in Troja, in Kreta und bei Zypern, in Südamerika, bei den Bahamas, um die Azoren und um die Kanarischen Inseln und in der Antarktis.

Atomkraft? Nein danke

Wer genau die Anti-Atomkraft-Sonne mit der Aufschrift „Atomkraft? Nein danke" designte, ist heute nicht mehr bekannt. Das „Atomkraft? Nein danke!"-Symbol wurde allerdings erstmals 1975 von einer Bürgerinitiative im dänischen Aarhus eingesetzt. Im Original lautete der Slogan „Atomkraft? Nej tack".

Atommüll

Wie lange strahlt Atommüll, bis er ungefährlich geworden ist? Je nach Art des Atommülls ist das unterschiedlich, so ging man bei dem in schwach- und mittelaktiven Abfällen häufig vorkommenden Isotop Selen 79 bisher von einer Halbwertszeit zwischen 124 000 Jahren und 1130 000 Jahren aus. Im September 2010 gaben Wissenschaftler der Physikalisch-Technischen Bundesanstalt (PTB) in Braunschweig bekannt, es handle sich nur um 327 000 Jahre. Nach dieser Zeit ist der Müll nur noch halb so gefährlich, nach weiteren 327 000 Jahre dann ein Viertel so schlimm. Menschen unserer Art gibt es seit rund 200 000 Jahren, den modernen Homo sapiens seit rund 40 000 Jahren.

Attraktivität

Menschen werden umso attraktiver eingeschätzt, je durchschnittlicher sie aussehen. Das haben – unter anderen – Wissenschaftler der Universität Aberdeen bestätigt: Legt man dreißig Fotos von jungen Mädchen übereinander und verschmilzt sie zu einem einzigen Bild (Kompositfoto), dann wählen Befragte das „Durchschnittsbild" als attraktivste junge Frau aus. Die Ergebnisse, 2006 in *Psychological Science* publiziert, werden unterschiedlich gedeutet: Das Gehirn erkenne Durchschnittsmuster schneller und finde sie daher schöner, oder aber: Je durchschnittlicher, desto genetisch unauffälliger (vom evolutionären Standpunkt). Ärgern Sie sich nicht, wenn Sie nicht wie Heidi Klum aussehen: Sie ist wirklich nur Durchschnitt!

Auge

Entfernt man einem Salamander die Linse seines Auges, bildet die Iris eine Ersatzlinse, die den Molch wieder sehen lässt. Bitte nicht nachmachen!

Automaten

Automaten, die gegen Münzeinwurf Waren auswarfen, gab es bereits in der Antike. Der Ingenieur Heron beschreibt Weihwasserautomaten in Tempeln, die gegen Einwurf eines Kupferstücks geweihtes Wasser spendeten.

Automobil

Das erste Automobil der Geschichte konstruierte der Lothringer Erfinder Nicolas Joseph Cugnot im Jahre 1769. Sein Dampfwagen wurde nicht mit Benzin, sondern mit Holzscheiten betrieben und sollte der Beförderung von Militärgut dienen. 1771 baute Cugnot seinen Prototypen und krachte bei der Testfahrt mit ganzen vier Stundenkilometern gegen eine Mauer – der erste Verkehrsunfall mit Auto in der Geschichte!

Die allererste Tote bei einem Autounfall in Großbritannien war die 44-jährige Arbeitergattin Bridget Driscoll. Sie unternahm am 17. August 1896 einen Ausflug zu einer katholischen Festveranstaltung beim Kristallpalast im Süden Londons, als sie von einem Roger-Benz tödlich überfahren wurde. Am Steuer saß Arthur Edsall; er gab an, er habe laut gehupt, gerufen und sei mit nur vier Meilen pro Stunde unterwegs gewesen. Augenzeugen erklärten, der Mann sei „mit maßloser Geschwindigkeit, so schnell wie ein Pferd im Galopp“ auf die arme Frau zugerast.

Im Jahre 1894 präsentierte die Firma Carl Benz aus Mannheim das erste in Serie gebaute Automobil – den Patent-Motorwagen Benz Velociped. Im selben Jahr gab es in

Berlin 111 Verkehrstote – allerdings noch ohne Zutun des neuartigen Autos.

Das lustigste Viersitzer-Auto war das von 1955 bis 1969 gebaute Goggomobil. Der Name soll vom Spitznamen eines der Söhne des Herstellers, Goggi, stammen, insgesamt wurden über 280 000 Stück gebaut, und gekostet hat der Spaß damals 3500 DM.

Azteken

Die Azteken schlossen Verträge mit ihren Nachbarstaaten, um mit ihnen Krieg – sogenannte Blumenkriege – zu führen. Diese dienten nicht der Eroberung oder Unterwerfung, sondern ausschließlich der Beschaffung von ausreichend Gefangenen für die Durchführung von Menschenopfern für die Götter.

Der Aztekenherrscher Moctezuma wurde am 30. Juni 1520 in Tenochtitlán, Mexiko, nicht von den Spaniern ermordet, sondern von seinen eigenen unzufriedenen Landsleuten.

Bakterien

Der menschliche Darm ist eines der vielfältigsten Ökosysteme. Kanadische Forscher fanden bei einer Studie im Jahr 2005 bei drei gesunden Männern 395 unterschiedliche Spezies, 244 davon waren vorher unbekannt gewesen.

Menschliche Körperzellen bestehen zu 95 Prozent aus Bakterien. Wer sind wir und wenn ja, wie viele? Milliarden!

Das größte Bakterium der Welt ist mit bloßem Auge sichtbar. *Epulopiscium* ist einen halben Millimeter lang und damit tausendmal größer als übliche Bakterien, das Monster hat auch rund eine Million Mal mehr Volumen als andere Bakterien. *Epulopiscium* lebt in Fischen, Mäusen und Meerschweinchen.

Bananen-Museum

Das „Washington Banana Museum“ in Auburn, Washington, zeigt über 4000 Exponate zum Thema der krummen gelben Frucht – Volkskunst, Erntegeräte, historische Dokumente. Adresse: 120 E. Main St., Auburn. Das 1991 gegründete „Erste Deutsche Bananenmuseum“ in Ostseebad Sierksdorf im Kreis Ostholstein (Schleswig-Holstein) zeigt sogar mehr als 10 000 Stücke aus vierzig Jahren Bananengeschichte – darunter eine Sonderausstellung über die Tänzerin Josephine Baker und ihr Bananenröckchen.

Bangkok

Der offizielle Name der thailändischen Hauptstadt ist nicht Bangkok, sondern Krung Thep Mahanakhon Amon Rattanakosin Mahinthara Ayuthaya Mahadilok Phop Noppharat Ratchathani Burirom Udomratchaniwet Mahasathan Amon Piman Awatan Sathit Sakkathattiya Witsanukam Prasit.

Bankautomat

Auf der amerikanischen Antarktis-Forschungsstation McMurdo betreibt die Well-Fargo-Bank seit dem Jahr 2000 zwei Bankautomaten – die einzigen auf dem gesamten Südkontinent. Allerdings ist immer nur einer der beiden knallroten Bankautomaten in Betrieb, der andere dient als Reserve.

Bankraub

Am 1. September 1798 wurden aus dem Tresorraum der Bank of Pennsylvania in Philadelphia genau 162 821 Dollar gestohlen – der erste Bankraub in der amerikanischen Geschichte.

Bären

Nicht jeder ist ein „Problembär“: Noch rund sechzig Braunbären beträgt die Gesamtpopulation im Alpenraum. In

Deutschland, der Schweiz und Frankreich sind sie längst ausgerottet, aber in Österreich gibt es noch rund 35 Braunbären, in den italienischen Alpen um den Gardasee weitere 25 Exemplare. Angriffe auf Menschen: null.

Baum, ältester

Wissenschaftler der Universität Umea entdeckten im Jahr 2004 auf 910 m Höhe auf dem Berg Fulu in der schwedischen Provinz Dalarna den ältesten Baum der Welt – eine Fichte, die nach der Radiokarbondatierung 9950 Jahre alt ist, also kurz nach Ende der letzten Eiszeit zu wachsen begann.

Baumgans

Bis tief ins 18. Jahrhundert hinein glaubten selbst Gelehrte, die irische Baumgans schlüpfe nicht – wie jeder andere Vogel – aus einem Ei, sondern wachse als Frucht an einem Baum an der Küste, die dann ins Meer falle und sich in einen Vogel verwandle.

Baumlamm

Im gesamten europäischen Mittelalter war der Glaube verbreitet, in der Tartarei wachse ein Baum, dessen Früchte Lämmer wären (oder aber, dass die Lämmer am Kaspischen Meer aus einer Art Kürbis wachsen). Heute wird das auch Barometz genannte Baumlamm, vom den übrigens immer wieder Exemplare nach Europa kamen, als Flachs identifiziert.

Beamtensau

Das einzige Schwein Deutschlands mit Beamtenstatus war die Wildsau Luise (1984–1998). Sie diente bei der Polizei Niedersachsen von 1984 bis 1987 als Rauschgift- und Sprengstoffschnüfflerin. Als das Niedersächsische Innenministerium Luise 1985 aus dem Dienst entlassen wollte, erhob sich ein Aufschrei der Entrüstung, deshalb hatte der damalige Ministerpräsidenten Ernst Albrecht im Juni 1985 ein Einsehen und ließ die Sau offiziell in den Polizeidienst übernehmen.

Berg

Das Siebengebirge umfasst vierzig Berge.

Der höchste Gipfel Bayerns (die Zugspitze mit 2962 Metern) ist auch der höchste Berg Deutschlands. Andere Bundesländer halten es bequemer: Die höchste Erhebung Bremens ist der Friedehorstpark mit 32,5 Metern, Berlin kann mit dem Großen Müggelberg immerhin 114,8 Meter aufragen, noch getoppt von Hamburg mit dem Hasselbrack (116 Meter).

Wenn man nicht vom Meeresspiegel, sondern vom Fuß des Berges aus misst, ist nicht der Mount Everest im Himalaya (8848 Meter) der höchste Berg der Welt, sondern der Vulkan Mauna auf Hawaii. Vom Meeresboden aus erhebt er sich über 9000 Meter nach oben.

Wie schnell wächst ein Berg? Die Alpen wachsen aufgrund des Drucks, den das auf Europa prallende Afrika verursacht, jährlich um rund einen Millimeter, der Himalaya wegen des Zusammenpralls von Indien und Asien um vier bis fünf Millimeter im Jahr. Es gibt aber auch schnelleres Bergwachstum: Am 20. Februar 1943 pflügte ein Bauer in Mexiko sein Feld, als Dampf aus dem Boden quoll und Spalten aufrissen. Einen Tag später war der neue Vulkan Paracutin bereits 15 Meter hoch, zwei Tage später fünfzig Meter. Ein Jahr später war der Berg 336 Meter hoch, 1952, bei seinem letzten Ausbruch, 424 Meter. Schneller geht es nur in Italien: Der Monte Nuovo bei Neapel wuchs 1538 innerhalb weniger Tage von null auf 331 Meter.

Und wie schnell verschwindet ein Berg? Der Mount St. Helens im US-Bundesstaat Washington war bis 1980 2950 Meter hoch. Am 18. Mai 1980 kam es zu einem gewaltigen Vulkanausbruch. Danach war der Berg nur noch 2549 Meter hoch. Der Krakatao zwischen Sumatra und Java wurde durch seinen Ausbruch am 27. August 1883 von 813 auf 300 Meter reduziert, der Tambora bei seiner Eruption am 10. April 1815 von rund 4300 Metern auf 2851 Meter. Erosion durch Wind und Wetter allerdings geht langsamer.

Bergwerk

Nicht nur Menschen graben nach Bodenschätzen: An der Grenze von Kenia und Uganda haben Elefanten in Jahrtausenden einen 180 Meter tiefen Stollen in den erloschenen Vulkan Mount Elgon gegraben, um die dortigen konzentrierten Salzvorkommen zu erreichen.

Bermuda-Dreieck

Von 211 Schiffen und Flugzeugen, die angeblich im Bermuda-Dreieck spurlos verschwanden, sanken viele bei schweren Stürmen, in rund sechzig Fällen fand man Wrackteile oder Überlebende der angeblich „spurlos" verschwundenen Fahrzeuge, und ganze achtzig Fälle, also ein Drittel der Vorfälle, hatten sich gar nicht im Bermuda-Dreieck ereignet, sondern anderswo – vor Neufundland oder im Pazifik. Das stellte der Journalist David Group bei einer Nachprüfung fest.

Beruf

Der griechische Philosoph Sokrates war von Beruf Bildhauer.

Die norwegische Prinzessin Märtha Louise arbeitet als Engeldolmetscherin.

Danny Hughes, 18, verlor seinen Arbeitsplatz in einem Tierladen in Paisley, England, weil er mit Meerschweinchen jongliert hatte.

Dr. Reinhold Aman (geb. 8. April 1936) war der einzige Schimpfwort-Professor der Welt. Von 1968 bis 1974 Professor für Deutsch an der University of Wisconsin, Milwaukee, gab er von 1977 bis 2005 die wissenschaftliche Fachzeitschrift *Maledicta* über abschätzige Bemerkungen, Slang und sexuelle Beschimpfungen heraus.

Der erste Fensterputzservice mit Kamelen als Reinigungspersonal wurde 1994 von Lita Nahas, 46, in Kairo gegründet. Sie mischt Zucker und Seife, schmiert es auf die Fenster, und die geduldigen Höckertiere lecken das Glas sauber. „Ich brauche für ein Erdgeschoß nur wenige Minuten", erklärte Nahas.

Beruf, ödester

Keith Jackson arbeitet als Ingenieur bei der walisischen Firma AquaTec Coatings. Sein Job in den letzten dreißig Jahren war es, der Farbe beim Trocknen zuzusehen (zur Sicherstellung der Produktqualität). Im Oktober 2006 widmete die Londoner Tageszeitung „Daily Mail" dem damals 57-Jährigen ein ausführliches Porträt.

Bhutan

Das Königreich Bhutan im Himalaya ist der einzige Staat der Erde, in dem Plastiktüten per Gesetz verboten sind.

Bibel

Bertold Brecht sagte einmal, seine Lieblingslektüre sei die Bibel. Und warum nicht? Schließlich enthält das Buch der Bücher alles, was auch einen modernen Bestseller ausmacht: Sex (vgl. Onan in Genesis 38,9; die Spanner und Susanna im

Bade bei Daniel 13,1–64); Crime: „Und Samson fand einen frischen Eselskinnbacken. Da streckte er seine Hand aus und nahm ihn und erschlug damit tausend Philister“ (Richter 15,15); Kuriosa: Nach dem 2. Buch Samuel (21,20) hatte ein Riese der Philister „sechs Finger an seinen Händen und sechs Zehen an seinen Füßen“; und selbst schlichtweg Unverständliches und Surreales: „Der Blutegel hat zwei Töchter: Bring her, bring her!“ (Sprüche 30,15)

Die Bibel besteht aus Altem und Neuem Testament. Das Alte Testament des katholischen Kanons besteht aus 46 Büchern, das des evangelischen Kanons aus nur 39 Büchern. Das Neue Testament besteht, für beide Konfessionen gleich, aus 27 Schriften.

Keine unserer Bibeln ist vollständig – drei biblische Bücher gingen bereits im Altertum verloren, obwohl sie im Alten Testament erwähnt werden: „Das Buch der Kriege des Herrn“ in 4. Mose 21,14–27; „Das Buch der Frommen“ in Josua 10,13 und das „Buch der Redlichen“ in 2. Samuel 1,18.

Hätten die Menschen den Turm von Babel wirklich gebaut, hätten sie die Erde als Baumaterial verbraucht, bevor sie den Mond erreicht hatten.

Nach der Bibel war König Og von Basan ein Riese, sein eisernes Bett in Rabbath maß 5,40 Meter in der Länge und 2,40 Meter in der Breite. (5. Mose 3,11)

Bis zum heutigen Tag weiß niemand, wo Moses, der die Israeliten aus Ägypten führte, begraben liegt. (5. Mose 34,6)

Der weise König Salomo (10. Jahrhundert v. Chr.) hatte 700 Hauptfrauen und 300 Konkubinen.

Der sächsische Erfinder Melchior Bauer konstruierte nach der Beschreibung einer Vision im biblischen Buch Ezechiel 1763 einen beweglichen Cherub- oder Feuerwagen, den er dem englischen und preußischen Regenten zum Kauf anbot.

Langlebigkeit liegt in der Familie Methusalem war laut der Bibel der älteste Mensch, der je gelebt hat. Nach Genesis 5,21–27 wurde er 969 Jahre alt – aber er starb dennoch vor seinem Vater! Der war nämlich Henoch, und der wurde (laut Hebräerbrief 11,5) lebend in den Himmel aufgenommen, „um nie den Tod zu schmecken".

Biber

Weil die katholische Kirche in der Fastenzeit nur den Genuss von Fisch erlaubte und Fleisch untersagte, definierte man im Mittelalter den Biber (weil er Schuppen am Schwanz hatte) und die Gans (weil sie im Wasser lebte) als Fisch. Papst Innozenz III. verbot Gänse als Fastenspeise in einer Bulle.

Bigfoot

Bigfoot befolgt die Bergmann'sche Regel Zu den tiergeographischen Regeln zählt an erster Stelle die sogenannte Bergmann'sche Regel: Die Arten einer Säugetiergattung sind umso größer, je näher sie am Pol leben (Beispiel: Eisbären – Braunbären, Mammuts – Indische Elefanten). 1980 untersuchte George W. Gill die gemeldeten Sichtungen von Bigfoot und Sasquatch, dem amerikanischen Affenmenschen. Er stellte fest, dass Berichte in Kanada größere Exemplare meldeten als Sichtungen in Washington, und diese wiederum größer waren als Exemplare, die man in Kalifornien beobachtet haben wollte. Er schlussfolgerte, der amerikanische Yeti sei ein echtes Tier. Sollten, wie viele zweifelnde Wissenschaftler unken, Begegnungen mit Affenmenschen auf nur flüchtig beobachtete Bären zurückzuführen sein, trifft die Bergmann'sche Regel natürlich auch zu!

Bigfoot-Denkmal Drei große Statuen des Bigfoot, des amerikanischen Yetis, findet man beim 100-Einwohner-Ort Willow Creek in Humboldt County im Nordwesten Kaliforniens. Die größte und erste Statue, in drei Monaten im Sommer 1967 von Jim McClarin aus einem Mammutbaum geschnitzt, ist die berühmteste – sie misst über zweieinhalb Meter. Am 6. Mai 2000 eröffnete „The Willow Creek/China Flat Museum" seine Bigfoot-Ausstellung (Adresse: westlich der Stadt an der Kreuzung Highway 299 und Highway 96; Öffnungszeiten: Mittwoch bis Sonntag, 10 bis 16 Uhr).

Bigfoot-Museum So groß seine Füße, so klein sein Museum: Das Bigfoot Discovery Museum am Highway 9 in den Santa Cruz Mountains nahe Felton, Kalifornien, zeigt in zwei winzigen Räumen alles, was sich über den amerikanischen Yeti sagen lässt: Spielzeug, TV-Memorabilia, Zeitungs- und Zeitschriftenartikel, aber auch Gipsausgüsse seiner (sehr großen) Fußabdrücke. Ein Diorama zeigt einen drei Meter großen Riesenaffen, der an einen Baum lehnt, ein Display widmet sich den zahllosen Schwindeln und Betrugsfällen, die es leider auch gibt.

Bikini

Antik, aber explosiv Als die zweiteiligen Damenbadeanzüge um 1946 in Mode kamen, nannte man sie nach dem Bikini-Atoll in der Südsee, wo die Amerikaner ihre Atombombenversuche durchgeführt hatten – so explosiv waren sie. Aber schon die Römer kannten Bikinis: Zehn in knappen Zweiteilern bedeckte junge Frauen bilden Mosaike in der römischen Villa von Piazza Armerina in Sizilien ab. Sie treiben Sport.

Bisse

Die Statistik über im Krankenhaus behandelte Bisswunden in New York in den Jahren 1979 bis 1985 wies Hundebisse auf dem ersten Platz aus (10 659 Fälle), auf dem zweiten Platz aber rangierten Bisse durch Menschen – ganze 1593 Fälle. Tatsächlich sind von Menschen verursachte Bisswunden die am stärksten und schnellsten zunehmende Bisswundenart. Auf Platz drei folgten Katzenbisse (875), auf vier Rattenbisse (254), danach, abgeschlagen auf den weiteren Plätzen, Bissverletzungen durch Eichhörnchen, Hamster, Kaninchen, Mäuse, Leguane und Schwäne.

Bleistiftspitzer-Museum

In Logan, Ohio, USA, werden öffentlich rund 3400 Bleistiftspitzer in einem kleinen Museum ausgestellt. Es ist die Sammlung des verstorbenen Pfarrers Paul Johnson, dessen Hamsterei begann, als seine Frau ihm Mitte der 1980er Jahre einen Bleistiftspitzer schenkte. Das älteste Exemplar der Sammlung stammt von 1906.

Blitz

In Deutschland schlägt im Durchschnitt pro Jahr der Blitz in 700 Menschen ein – aber nur jeder Zehnte bis Zwanzigste stirbt daran. Im Mittel gibt es in Deutschland jährlich zwischen dreißig und fünfzig Blitzschlagtote. In den USA rechnet man mit 100 bis 300 Todesopfern im Jahr.

Unter den 81 Menschen, die im Jahr 1990 in den Vereinigten Staaten vom Blitz erschlagen wurden, waren nach Angaben des Nationalen Wetterdienstes der USA 74 Männer, aber nur sieben Frauen.

Ein Blitz könnte eine 100-Watt-Birne drei Monate lang mit Energie versorgen.

Energieverschwendung Die Blitze eines tropischen Gewitters enthalten genug Elektrizität, um die gesamten Vereinigten Staaten vier Tage lang mit Strom zu versorgen.

Blut

Blut ist ein ganz besonderer Saft – besonders das der Pfeilschwanzkrebse. Unser Blut ist rot wegen seines Eisengehalts.

Der amerikanische Pfeilschwanzkrebs hat jedoch nicht Eisen, sondern die blaue Kupferverbindung Haemocyanin im Blut – ein echter Blaublütler.

Die Menschen, die in 3500 Metern über dem Meer auf dem Altiplano von Bolivien und Peru leben, haben zwei Liter mehr Blut als sämtliche anderen Menschen, es enthält acht Millionen statt wie gewöhnlich fünf Millionen Blutkörperchen.

Bodensee

Der Obersee, der größte Teil des Bodensees mit deutschem, österreichischem und Schweizer Ufer, ist die einzige Region Europas, in der keine verbindlichen Grenzen festgelegt wurden. Auf Karten wird einfach in der Seemitte ein Grenzstrich gezogen, der jedoch keine rechtliche Grundlage hat. Verschiedene Auffassungen (unter anderem, dass nur das Ufergebiet zu den Territorialstaaten gehört, der See aber gemeinsamem Nutzungsrecht unterliegt) konkurrieren miteinander.

Die Bezeichnung „Schwäbisches Meer“ für den Bodensee ist nicht nur geographisch falsch (die längste Uferstrecke liegt in Baden, nicht Schwaben), sie beruht auch noch auf einem Übersetzungsfehler, den Gelehrte im 19. Jahrhundert machten. Zwar sprechen die antiken römischen Autoren vom „Mare Suebicum“, doch damit meinten sie die Ostsee, an der die Sueben, die Urschwaben, damals noch siedelten.

Selbst auf dem Bodensee gab es große Seeschlachten. Im Januar 1647 plünderten Schwedische Truppen als Piraten die Frachtschiffe auf dem See, und am 3. und 4. November 1799 kam es zu Schlachten und Kanonaden zwischen französischen und österreichischen Schiffen vor dem Schweizer Ufer.

Brennnessel

Die größte Brennnesselart der Welt ist der sogenannte Gympie-Baum Australiens, der bis zu vierzig Meter hoch wird. Er ist so giftig, dass selbst Regentropfen, die die Pflanze nur berührt haben, die Haut von Menschen noch verätzen können.

Briefmarken

Der Schutzpatron der Briefmarkensammler (und der Postangestellten und aller in der Telekommunikation Beschäftigten) ist der Erzengel Gabriel.

Von den zwölf Summer Isles (Gälisch: Na h-Eileanan Samhraidh') vor der nordwestschottischen Küste im Loch Broom ist nur eine bewohnt: Tanera Mòr. Von der Insel zum Festland operiert seit 1970 eine eigene Postgesellschaft, die Briefmarken ausgibt, die nur für den Transport zum Festland gelten – aber natürlich Haupteinkommensquelle der lokalen Wirtschaft sind.

Brieftaube

Möglicherweise die langsamste Brieftaube aller Zeiten startete 1980 in Newark, Nottinghamshire, England, zu einem Flug zu ihrem rund 150 Kilometer entfernten Schlag bei Bishop's Stortford in Hertfordshire. Sie kam dort acht Jahre später an.

Brontosaurus

Wer hat ihn nicht liebgewonnen, den riesigen Brontosaurus – aber es gab ihn nie! Der amerikanische Forscher Othniel Charles Marsh entdeckte 1877 einen 26 Meter langen, lebend 35 Tonnen schweren Monster-Dino, den er Apatosaurus taufte. 1879 fand er ein ähnliches Exemplar, das er Brontosaurus nannte. 1903 allerdings wurde erkannt, dass beide

Arten identisch waren. Und selbst dann noch hatte Apatho alias Bronto den falschen Kopf – man hatte den in der Nähe aufgefundenen Schädel eines anderen Dinos, des Camarasaurus, auf den Apathosaurier-Hals gesetzt. Erst als man 1975 einen echten Apatho-Schädel fand, flog dieser zweite Irrtum auf. Also: Brontosaurus heißt in Wirklichkeit Apathosaurus, heute hat er wieder seinen eigenen Kopf!

Brust, perfekte

Die perfekte Dimension einer weiblichen Brust – allerding durch Männeraugen betrachtet – hat der englische Schönheitschirurg Patrick Mallucci vom University College Hospital und Royal Free Hospital in London durch die jahrelange Vermessung von Oben-ohne-Bildchen in Boulevardzeitungen ermittelt. Demnach gefällt den Männern eine Brust, wenn erstens der Teil unterhalb der Brustwarze zehn Prozent voller ist als der Teil oberhalb, zweitens die Brustwarze sich in einer Lage befindet, dass über ihr 55 Prozent und unter ihr 45 Prozent der Brust liegen, drittens sollte sich die Brust oberhalb nach innen neigen und unterhalb leicht vorwölben, viertens sollte die Brustwarze in einem Winkel von zwanzig Grad nach oben stehen. Man kann aber auch ohne Rechenschieber herausfinden, was einem gefällt oder nicht …

Buchstaben-Denkmal

Im Jahr 1797 entwarf der russische Dichter Nikolai Michailowitsch Karamsin einen neuen Buchstaben für das kyrillische Alphabet, das ë (gesprochen „io"). Es ist der einzige russische Buchstabe mit Umlaut, und er ist in ganz Russland verboten, obwohl noch Leo Tolstoi ihn verwendete. Im Jahr 2005 errichtete man dem Buchstaben dennoch ein Denkmal in der Stadt Ulianowsk an der Wolga. Viele der

Einwohner dort haben ein ë im Namen, das auf offiziellen Dokumenten nicht auftaucht.

Büroklammer

Wer erfand die Büroklammer? Trotz (angeblich) papierlosem Büro im Zeitalter des Computers – jeder kennt sie, jeder benutzt sie: die gute alte Büroklammer. Wer aber kam auf diese geniale Erfindung und verbog zum ersten Mal einen Kupferdraht in die charakteristische, eckig längliche Form? Es war der Norweger Johan Vaaler (* 15. März 1866 in Aurskog; † 14. März 1910 in Kristiania, dem heutigen Oslo), und es war im Jahre 1899. Neunzig Jahre später, im Oktober 1989, errichtete man zum Gedenken für den wenig bekannten Erfinder der allseits vertrauten Klammer ein über sieben Meter hohes Exemplar vor der norwegischen Managementschule im Osloer Vorort Baerim. Die weltgrößte Büroklammer wiegt 600 Kilo!

Bumerang

Der bislang älteste Bumerang der Welt ist etwa 23 000 Jahre alt und wurde 1987 bei Ausgrabungen in einer Höhle bei Oblazowa in Polen entdeckt. Die Menschen, die in der Höhle wohnten, stammten nach Ansicht der Archäologen aus der südwestlichen Slowakei.

Bundesrepublik

Alles wie gehabt? Nein! Besonders die Rechte der Frau kamen seit den 1950ern tröpfchenweise. Zwar hatten Frauen in Deutschland bereits seit November 1918 das Wahlrecht, das Gesetz über die Gleichberechtigung von Mann und Frau aber wurde erst am 3. Mai 1957 verabschiedet und trat dann am 1. Juli 1958 in Kraft – vorher konnte der Mann das Arbeitsverhältnis seiner Gattin einfach kündigen, in Bayern mussten Lehrerinnen, die heirateten, automatisch auf ihren Beruf verzichten und Hausfrau werden. Noch bis 1977 bestimmte das BGB, dass Frauen die Erlaubnis ihrer Ehemänner brauchten, wenn sie arbeiten wollten. Bis 1969 die Homosexualität bei Partnern über 21 Jahren straffrei wurde, gab es 50 000 Verurteilungen und 100 000 Ermittlungsverfahren gegen homosexuelle Männer (um Frauen kümmerte man sich kaum). Auch territorial gab es bereits vor der Wiedervereinigung am 3. Oktober 1990 einmal eine „kleine Wiedervereinigung", als am 6. Juli 1959 um 00.00 Uhr das Saarland der Bundesrepublik beitrat. 1984 akzeptierte die französische Regierung nach langem Ringen, dass sieben Quadratkilometer des Oberen Mundatwalds in der Südpfalz, die Frankreich seit dem Ende des Zweiten Weltkriegs als Enklave in Deutschland besetzt hielt, unter die deutsche Verwaltungshoheit fiel. Im Gegenzug akzeptierte die Bundesrepublik die Französische Republik als Grundbesitzerin des Fleckchens Wald.

Butterbrot, fallendes

Butterbrot fällt tatsächlich immer auf die beschmierte Seite. Der Grund dafür liegt in der Physik. Vier Faktoren nämlich bestimmen das alltägliche Unglück: die Erdanziehungskraft, die Größe eines Stücks Butterbrot, die durchschnittliche Höhe eines Tisches und der Neigungswinkel beim Fall (durch das Ungleichgewicht zwischen bestrichener und nicht bestrichener Seite). Wären unsere Tische doppelt so hoch, landete das Butterbrot in 95 Prozent aller Fälle mit der bestrichenen Seite nach oben.

CD

Als die Videorekorder erfunden wurden, kamen die beiden Hauptanbieter Sony und Philips mit unterschiedlichen und nicht kompatiblen Geräten auf den Markt. Als die Einführung der CD beschlossen wurde, einigten sich die beiden Unternehmen im Vorfeld auf eine gemeinsame Norm. Da Sony-Chef Norio Ohga ein großer Beethoven-Fan war, bestimmte er eine maximale Spielzeit von 74 Minuten, damit dessen „Neunte Symphonie" auf eine Platte passte. Das Loch in der Mitte legte Philips fest – und zwar als holländische Firma auf die Größe einer Zehn-Cent-Münze der Niederlande.

Chamäleon

Chamäleons ändern ihre Hautfarbe nicht, wie oft behauptet, um sich an ihre Umgebung anzupassen und somit zu tarnen, sondern im Gegenteil, um aufzufallen. Durch den Wechsel der Körperfarbe kommuniziert ein Chamäleon mit seinen Artgenossen oder lockt Weibchen an.

Cheops-Pyramide

Für die Cheops-Pyramide (um 2600 v.Chr.) wurden 6,25 Millionen Tonnen Gestein verarbeitet. Man schätzt die Gesamtbauzeit auf rund zwanzig Jahre, je nach Ägyptologe waren zwischen 36000 und 50000 ausgebildete Arbeiter und vermutlich bis zu 70000 Hilfsarbeiter am Bau beschäftigt. Sklaven indes, wie in Historienfilmen geschildert, waren sie nicht – sie wurden verköstigt (also in Naturalien bezahlt), die Ingenieure des Projekts genossen höchstes Ansehen.

Damit die Bauarbeiter wussten, wie sie einen der tonnenschweren Pyramidensteine platzieren konnten, wurden diese mit „diese Seite nach oben" beschriftet!

Cotards Syndrom

Wer daran leidet, glaubt, er sei bereits tot, habe keine Organe und kein Blut mehr.

Curry

Es gibt weder einen Currybaum noch eine Curryfrucht: Curry ist ein Pulver, das aus durchschnittlich 13 Gewürzen hergestellt wird. Immer mit dabei ist Kurkuma, dem Currypulver seine typische Färbung verdankt, sowie schwarzer Pfeffer, Koriander, Cumin und Bockshornklee.

Am 15. August 2009 öffnete mitten in Berlin das Deutsche Currywurst-Museum seine Pforten. Gezeigt werden historische Imbissbuden, Gewürze und eine Geschichte des beliebten Pausensnacks. (Adresse: Schützenstraße 70, 10117 Berlin. Täglich geöffnet von 10 bis 22 Uhr).

Seit 2003 ehrt eine Tafel den Standort des ersten Currywurst-Verkaufs an der Kantstraße 101 in Berlin.

Wer erfand die Currywurst? Schwer zu sagen, wer den Schweinbraten und wer das Omelette erfunden hat, aber bei der Currywurst weiß man es tatsächlich: Die aus Königsberg vertriebene Imbiss-Besitzerin Herta Heuwer bot am 4. September 1949 an ihrem Stand an der Ecke Kant-/Kaiser-Friedrich-Straße in Berlin-Charlottenburg zum ersten Mal eine Wurst an, die in eine Sauce aus Tomatenmark, Currypulver, Worcestersauce und andere Zutaten getunkt war. 1959 ließ sie sich ihr Rezept beim Münchener Patentamt schützen (Patent-Nummer 721319).

Delikatesse

In Knabenurin gekochte Hühnereier gelten in Dongyang in der chinesischen Provinz Zhejiang als Delikatesse.

Denkmäler, etwas andere

siehe *Bigfoot; Buchstabe; Büroklammer; Curry; Drache; Ente; Klistierspritze; Mozart; Seeungeheuer; UFOs; Yeti*

Dialekt

Der unbeliebteste Dialekt Deutschlands ist das Sächsische. Das ergab eine Umfrage des Instituts für Deutsche Sprache im Juni 2009. Dreißig Prozent der Bundesbürger fanden Sächsisch „besonders unsympathisch" – im Vergleich zu sieben Prozent, die es mochten. Gewinner des Dialektbeliebtheitswettbewerbes war „das Norddeutsche" (24 Prozent mochten es und nur sieben Prozent nicht). Bei Bairisch hielten sich Pro- und Kontrastimmen fast die Waage (zwanzig zu 13 Prozent). Beim großzügig „Alemannisch" titulierten Dialektmix (Badisch und Schwäbisch) fanden 13 Prozent die Sprache gut, acht Prozent weniger.

Nach einer vom Herrenmagazin *Playboy* 2003 in Auftrag gegebenen Umfrage ist Bairisch (mit 29 Prozent) der erotischste Dialekt Deutschlands, gefolgt von Berlinerisch (23 Prozent), Rheinländisch (22 Prozent) und Schwäbisch (18 Prozent). Abgeschlagen auf den hinteren Plätzen kamen Sächsisch, Friesisch und Pfälzisch.

Diebstahl

Im Oktober 2008 stahlen Diebe die 1809 errichtete Kirche von Komarowo in Russland. Nur die Fundamente blieben am Ort.

Dr. Frank Calabro aus Shirley, New York, hatte sein Heim verkauft und es bereits auf Stelzen gehievt. Ein Dieb ergriff die Gelegenheit, lud das Haus auf einen Truck und fuhr damit davon – nachdem er zuvor einen Polizisten gebeten hatte, ihn zur Sicherheit zu begleiten. Nur weil er mit der Fuhre zufällig an Calabro vorbeikam und der schreiend hinterherrannte, verhinderte dieser im März 1988, dass man ihm das Haus stahl.

Am 22. Juni 2009 stahlen Diebe 11400 Liter Wasser aus dem Gartenteich von George Terry Dinnie in Allentown,

Pennsylvania, USA, als dieser für zweieinhalb Stunden sein Haus verließ.

Dihydrogen-Monoxid

Der heimliche Killer Dihydrogen-Monoxid ist ein gefährlicher Stoff: Wer ihn einatmet, erstickt, wer ihn anfasst, verbrennt sich die Finger, er lässt Autos rosten, ist Hauptverursacher der Bodenerosion und wichtigster Bestandteil des sauren Regens. Trotzdem wagt keine Regierung, die Mörderchemikalie zu verbieten, selbst Umweltämter bleiben merkwürdig passiv. Kein Wunder: Dihydrogen-Monoxid ist … Wasser.

Diktator, irrer

Lady Gaga ist langweilig im Vergleich zu Sapamurat Niyazov, genannt Turkmenbashi, dem im Dezember 2006 verstorbenen Diktator von Turkmenistan. 1991 übernahm er die Macht in dem „am seltensten besuchten Staat der Erde". Er verbot ausländische Zeitschriften, Kino, Ballett, Goldzähne, lange Haare und die Oper, benannte die Wochentage und Monate neu und erklärte seine Epoche zum Goldenen Zeitalter. 2003 ließ er aus 300 Kuhhäuten „den größten Schuh der Welt" fertigen, um die großen Fortschritte seines Landes zu dokumentieren. Im Juli 2004 erbaute er einen Eispalast in der Wüste, „damit unsere Kinder Schlittschuhlaufen lernen können". Mitgliedern seines Kabinetts war es untersagt zu rauchen, einmal im Jahr mussten sie, wie alle Beamten des Staates, eine mehrere Kilometer lange Wanderroute über den Berg Kopet Dag zurücklegen, die „Wanderung der Gesundheit". Zu diesem Zweck hatte Turkmenbashi die gesamte Strecke betonieren lassen.

Dinosaurier

In Filmen wirken sie wie bizarre Eidechsen oder – wenn die Werke neueren Datums sind – wie riesige Nashörner, doch nicht alle Dinosaurier hatten eine ledrige oder warzige Haut. Die meisten muss man sich wie riesige Truthähne vorstellen, denn sie waren gefiedert. Beim Velociraptor, dem bösen Kleinen aus Spielbergs „Jurassic Park", hat man mittlerweile Federn nachgewiesen. Auch Tyrannosaurus Rex sah – zumindest als Jüngling – eher wie ein riesiger Gockel aus.

Jahrelang hielt man den Oviraptor (Eierräuber) aus der asiatischen Kreidezeit für eine Dinosaurierart, die sich von den Eiern anderer Dinosaurier ernährte, weil das erste Fossil nahe bei einem großen Sauriernest gefunden wurde. Erst in den 1990ern stellte man fest, dass die Eier, die angeblich als Nahrung dienten, Oviraptoren-Eier waren. Das Tier war also kein Dieb – sondern eine Henne.

Nach der Zoologie sind Dinosaurier keine Reptilien, sondern Vögel. Die Monster, die durch Horrorfilme spuken und deren Riesenskelette in den Museen stehen, nennt man heute etwas umständlich „Nicht-Vogel-Dinosaurier".

Drache

Im Kloster San Giulio im Ortasee befindet sich eine besondere Reliquie: der Wirbel eines Drachens, den der heilige Julius dort im 6. Jahrhundert erschlagen haben soll.

Drachen-Denkmal

Auf dem Neuen Platz in Klagenfurt, Kärnten, Österreich, prangt der der Lindwurmbrunnen – die gewaltige Statue des Drachen wurde nach einem „Drachenschädel" angefertigt, der 1335 in der Umgebung gefunden worden sein soll. Forscher fanden später heraus, dass es sich um einen fossilen Nashornschädel aus der Eiszeit gehandelt hatte.

Dudelsack

Der schottische Dudelsack (*piob mhor* oder „große Pfeife" auf Gälisch) ist ursprünglich ein Kriegsinstrument gewesen. Sein Gequäke war selbst im Kampfgeschrei noch aus 15 Kilometern Entfernung zu hören; die tiefen Töne der Basspfeife ließen Pferde in Panik geraten.

Dünger

Die alten Ägypter mumifizierten Millionen von Tieren – Krokodile, Katzen, Vögel. Im 19. Jahrhundert wurden sie nach Europa exportiert – eine Fracht von 180 000 Mumien mit einem Gesamtgewicht von 28 Tonnen wurde beispielsweise im Februar 1890 in Liverpool entladen. Die Mumien kamen nicht ins Museum, sondern wurden zu Dünger für die Landwirtschaft verarbeitet.

Ehe

Ehe auf Probe In Schottland war es früher üblich, dass sich zwei Liebende die Heirat versprachen und darauf ein Jahr unverheiratet wie Mann und Frau zusammenlebten. Kam es während dieser Zeit zu Streit oder wurden keine Kinder geboren, konnten beide Partner die Ehe formlos auflösen. Erst nach einem Jahr erhielten sie den kirchlichen Segen.

Eichhörnchen

Das fliegende Eichhörnchen des Himalayas, *Eupetaurus cinereus* (mit 1,2 Meter Länge die größte Eichhörnchenart der Welt), galt seit 1924 als ausgestorben. Es wurde im Mai 1994 wiederentdeckt, als zwei New Yorker Schriftsteller in Pakistan ein Glas Eichhörnchenurin kauften, das sie auf die Spur brachte.

Auch nur Ratten? Oft heißt es, Eichhörnchen seien nur Ratten mit Puschelschwanz. Aber das stimmt nicht: Eichhörnchen sind die einzigen europäischen Vertreter der Gattung der Baumhörnchen, Ratten gehören zur Untergattung der Altweltmäuse. Aber beide sind Nagetiere.

Eidechse

Die Eidechsenart *Leiolepis ngovantrii* pflanzt sich ausschließlich durch Jungfrauengeburten, also durch Selbstbefruchtung, fort. Es gibt in der Spezies nur Weibchen, keine Männchen. Das Wundertier dient der einheimischen Bevölkerung im Mekong-Delta seit Jahrtausenden als Nahrung.

In Australien haben sowohl die Flossenfüßer (eine Familie der Reptilien) *Pygopodides* als auch die beiden Skink-Spezies *Lerista bipes* und *Larista labialis* keine Vorder-, sondern nur Hinterbeine.

Eiffelturm

Der Architekt des Eiffelturms in Paris war nicht Gustave Eiffel, sondern Stephen Sauvestre.

Wie viele Bolzen und Nieten wurden im Eiffelturm verbraucht? Dreitausend Arbeiter waren vom 28. Januar 1887 bis zum 31. März 1889 mit der Konstruktion des Pariser Wahrzeichens beschäftigt. In diesen 26 Monaten verarbeiteten sie 18038 vorgefertigte Einzelteile aus Eisen, die sie mit 2,5 Millionen Nieten zusammenfügten. Damals einzigartig: Es gab beim Bau keinen einzigen Todesfall.

Einhorn

Julius Caesar berichtet im „Gallischen Krieg" (Buch 6,26), im Hercynischen Waldgebirge (den deutschen Mittelgebirgen vom Harz bis zum Schwarzwald) lebe das Einhorn, ein Rind von der Gestalt eines Hirsches mit einem einzigen Horn auf der Stirn, dessen Spitze verästelt sei wie eine gespreizte Hand.

Bis 1741 mussten Apotheker in London das Horn eines Einhorns als Medizin verpflichtend vorrätig haben, oder sie verloren ihre Lizenz.

Noch im Jahre 1853 schrieb John Wilhelm von Müller, der Direktor des königlichen zoologischen Gartens in Brüssel, ein Buch, um zu beweisen, dass das Einhorn kein Fabeltier sei. Er vermutete überlebende Exemplare in Südafrika.

Gesundheit! Zu den Medikamenten, die die Äbtissin Hildegard von Bingen (1098–1179) verschreibt, gehören: ein erwürgter Frosch gegen die Gicht und Pulver aus Einhornleber gegen Aussatz. Gefährlich aber ist Bärenfleisch – es macht lüstern.

Spitzzüngig Marco Polo berichtete, das indische Einhorn töte seine Feinde „mit sehr langen und scharfen Stacheln auf seiner Zunge".

Eintagsfliege

Die Eintagsfliege ist keine Spezies, sondern eine ganze Ordnung der Insekten. Ihre Lebensdauer beträgt auch nicht genau einen Tag, sondern – bei den kurzlebigsten Arten – wenige Stunden oder – bei den Methusalems – bis über eine Woche.

Eisbären

Die größten Landraubtiere der Erde, die arktischen Eisbären, sind Linkshänder. Sie schlagen ihre Beute stets mit der linken Tatze. Die Haut unter dem weißen Fell ist übrigens pechschwarz.

Eisbären fressen keine Pinguine: Eisbären sind Bewohner der Arktis um den Nordpol, Pinguine hingegen kommen nur auf der Südhalbkugel vor.

Eisenbahn

Am 7. Dezember 1835 unternahm die „Adler", die erste deutsche Dampflokomotive, die erste deutsche Eisenbahnfahrt von Nürnberg nach Fürth. Noch am 6. Dezember 1835 hatte das Bayrische Medizinal-Kollegium die Fahrgäste offiziell gewarnt: „Die schnelle Bewegung dieser neuen Lokomotive muss bei den Reisenden unfehlbar eine Gehirnkrankheit, eine besondere Art des gefährlichen Delirium furiosum, erzeugen."

Elch

In Schweden werden zwanzig Prozent aller Autounfälle durch Elche verursacht.

El Dorado

Das sagenumwobene El Dorado ist kein Ort, sondern eine Person – der Vergoldete. El Dorado war der König des Volkes der Muisca, der bei seiner Inthronisation dem Sonnengott ein Opfer im Bergsee von Guatavita (beim heutigen Bogotá) darbrachte. Der König wurde mit Goldstaub bedeckt, fuhr mit vier Gefährten auf einem Floß auf den See, wusch sich dort ab und warf Unmengen an Gold und Edelsteinen in das Wasser. Als die Spanier davon hörten, tauchten sie in den See, gruben einen Kanal, um das Wasser abzulassen, und wollten unbedingt an die Schätze kommen. So wurde die Suche nach „El Dorado", als ihr Ursprung vergessen wurde, zur mythenumwobenen Suche nach einem imaginären Goldland.

Elefant

Am 21. Juli 1950 stürzte die Elefantenkuh Tuffy (1946–1989) in Wuppertal aus der fahrenden Schwebebahn zehn Meter in die Wupper hinab, die an dieser Stelle keinen halben Meter tief ist.

Ein Elefant kann bis zu zwei bis fünf Tonnen schwer werden – und wiegt damit dreißig Mal weniger als ein ausgewachsener Blauwal. Der größte je vermessene afrikanische Elefant war ein Bulle, der am 4. April 1978 im Damaraland (Namibia) getötet wurde: Er hatte eine Höhe von 4,21 Metern und war ganze 10,39 Meter lang! So steht es zumindest im Buch der Rekorde einer großen Brauerei. Unter Zoologen gilt als größter je bekannter Elefant ein 1956 in Angola erschossener Bulle: Er wog 11 000 Kilogramm und wies eine Schulterhöhe von 3,96 Metern auf.

Elfen

Der englische Schriftsteller Arthur Conan Doyle, der Schöpfer des Meisterdetektivs Sherlock Holmes, war ein überzeugter Anhänger des Spiritismus. Seiner Überzeugung, ganz England sei dicht mit Feen bevölkert, widmete er das Buch *The Coming of the Fairies* (1922), das unter anderem Augenzeugenberichte und „authentische" Lichtbilder von Kobolden, Zwergen und Elfen enthält.
Eine Umfrage ergab 2006, dass 26 Prozent der isländischen Bevölkerung an die reale Existenz von Elfen und Kobolden glaubt.

Empire State Building

Wenn man an jedem Tag aus einem anderen Fenster des Empire State Buildings in New York schaut, braucht es siebzehneinhalb Jahre, bis man durch jedes einzelne einmal geblickt hat – denn der Wolkenkratzer hat 6379 Fensterelemente. Das Gebäude selbst ist 381 Meter hoch (mit Antenne 443 Meter), hat 102 Stockwerke und wiegt 370 000 Tonnen. Seine Adresse lautet 350 Fifth Avenue, New York, NY 10118.

Endlosschleife

siehe Teufelskreis

Entdecker

Ein Deutscher namens Tyrkir entdeckte Amerika. Unter der Mannschaft des Wikingers Leif Erikson, der im Jahre 1000 Amerika (beim heutigen Neufundland) entdeckte, war auch ein Mann aus Süddeutschland. Er fand beim Landgang wilden Wein, danach benannten die Nordmänner den Kontinent Vinland (Weinland).

Wer entdeckte wen? Der römische Schriftsteller Plinius berichtet in seiner Naturgeschichte (11,67), dass im Jahre 64 v. Chr. in Gallien nach einem Unwetter ein Kanu mit Indern an der Atlantikküste angeschwemmt worden sei. Indianer, die Europa entdeckten?

Entdeckung im Schlaf Der Ghenter Chemieprofessor Friedrich Kekulé von Stradonitz biss sich jahrelang an der Formel des Benzolrings die Zähne aus – bis er eines Tages einschlief und von einer Schlange träumte, die ihren Schwanz im Maul hielt – und genauso sah dann auch die chemische Verbindung aus, die der Wissenschaftler 1861 erstmals veröffentlichte.

Ente

Als eine Ente im November 1997 gegen die Windschutzscheibe eines Busses in Kinshasa, Kongo, prallte, nahm der entrüstete Busfahrer das Tier gefangen und brachte es zur nächsten Polizeistation, damit „der Gerechtigkeit Genüge getan“ werden konnte. Er rettete das arme Tier so zumindest vor seinen Fahrgästen, die es lynchen wollten.

Dagobert Duck alias Onkel Dagobert, der reichste Erpel der Welt, heißt im amerikanischen Original Scrooge McDuck, auf Französisch Balthazar Picsou, auf Spanisch Rico

McPato oder Tío Rico (der reiche Onkel) und in Italien Paperon de' Paperoni.

Warum eine Falschmeldung in der Zeitung Ente genannt wird, ist völlig unbekannt. Eine These besagt, dass NT die Abkürzung für das Englische „N. T." sei (not testified, also nicht bezeugt). Andere wollen es vom Luther-Wort Lugenda für Legende ableiten (Lüg-Ente). Allerdings heißt eine Zeitungsente im Französischen und Englischen „canard", Ente. Hier ist es wohl von der Redensart „vendre des canards à moitié" („Enten zur Hälfte verkaufen", also lügen) abgeleitet. Heute nimmt man an, dass die deutsche Ente eine Übersetzung aus dem Französischen ist.

Ente gut Deutschlands einziges Denkmal für eine hellsichtige Ente steht am Eingang des Stadtgartens von Freiburg im Breisgau. Der Vogel soll am 27. November 1944 mit seinem zwölf Stunden langen, ununterbrochenen lauten Gequake vor einem Bombenangriff gewarnt haben.

Entomophagie

Den Genuss von Insekten als Nahrungsmittel bezeichnet man als Entomophagie. Vgl. auch: *Küche, internationale*.

Entzifferer

1834 übersetzte der Gelehrte Finnur Magnusson die längste je entdeckte Runeninschrift, die er auf Felsen in einer Waldlichtung bei Runamo nahe Blekinge in Schweden gefunden haben wollte. In altnordischen Versen und in epischer Breite schilderte der entzifferte Text eine alte Schlacht. Das war so lange eine Sensation, bis sich herausstellte, dass die „Runen" nur einfache Risse im Gestein waren.

1923 veröffentlichte der Professor für semitische Sprachen an der Universität München, Dr. Grimme, einen Hieroglyphentext, den er an einem altägyptischen Tempel in der

Wüste der Halbinsel Sinai entdeckt hatte. Die Inschrift erzählte die Geschichte der Aussetzung des Kindes Moses im Schilfkörbchen und seine Errettung durch die Tochter Pharaos. Der englische Ägyptologe Sir Flinders Petrie prüfte 1924 nach und fand, dass Dr. Grimme neben tatsächlich vorhandenen Schriftzeichen auch die diese umgebenden Risse im Gestein mit „übersetzt“ hatte. Der Text handelte von etwas völlig anderem!

Universalgelehrter Der jesuitische Gelehrte Athanasius Kircher (1602–1680) erfand nicht nur die Camera obscura (ein Vorläufer unserer modernen Kameras, die danach benannt sind), sondern schuf auch das erste Wörterbuch des Koptischen und begründete die Disziplinen der Sinologie, der Vulkanologie und der Geologie – und er entzifferte als Erster die ägyptischen Hieroglyphen und erklärte sie in seinem Werk *Œdipus Ægyptiacus* von 1652. Dass sich praktisch nichts von dem, was er schrieb (er hielt jedes Schriftzeichen für ein Symbol für mehrere Worte oder ganze Ideen), als korrekt erwiesen hat … das ist eine andere Geschichte!

Erdbeben

Das Erdbeben von Lissabon 1755 hatte vermutlich eine Stärke von 8,7 auf der Richterskala.

Das stärkste Erdbeben Mitteleuropas war vermutlich das große Beben von Basel am 18. Oktober 1356. Im Nachhinein wurde eine Stärke von 6,7 auf der Richterskala ermittelt.

Schockwelle Das Erdbeben vom 1. November 1755, das die portugiesische Hauptstadt Lissabon durch einen Tsunami vernichtete, war so gewaltig, dass selbst noch der Wasserspiegel im 2100 Kilometern entfernten Loch Ness schwanke. Der Gelehrte Johann Samuel Ersch schreibt 1842: „Am ersten Nov. 1755, grade zu der Zeit, wo Lissabon durch ein Erdbeben zerstört wurde, gerieth das Loch Neß in die heftigste Bewegung; sein Wasser erhob sich und fluthete mit großer Gewalt von Osten nach Westen. Um 11 Uhr überstieg eine Welle, welche größer war als alle übrigen, die Ufer der Nordseite des Lochs und überschwemmte das Land 30 Fuß weit."

Erdkunde

Der griechische Geograph Anaximander (ca. 610 bis ca. 547 v. Chr.) hielt die Erde für eine riesige Felswalze, die im unendlichen Weltraum schwebte.

Zur Zeit des Kolumbus wusste jeder Gelehrte, dass die Erde eine Kugel ist. Kolumbus wurde damals nicht geglaubt, weil er den Umfang des Erdballs zu klein berechnet hatte – er hielt die Erde für rund ein Drittel kleiner, als sie tatsächlich ist. Nur deshalb dachte er, er könnte nach Indien gelangen – und hätte es Amerika nicht gegeben, wäre die gesamte Mannschaft jämmerlich verhungert.

Der Fall des Ausflusses des kleinen Glenkar-Sees an der Flanke des Berges Benbulben im County Sligo, Republik Irland, fließt bei günstigem Wetter gegen die Strömung. Starke Winde blasen die Wassermengen nach 15 Metern Fall in die Luft und wieder auf den See zu.

Der Fluss Tadjoura an der Nordostküste Afrikas entspringt im Atlantischen Ozean und fließt landeinwärts, wo er in den Assal-See mündet.

100 Millionen Briefmarken musste die amerikanische Post 1999 einstampfen lassen, weil die Sechzig-Cent-Marke mit „Grand Canyon, Colorado" falsch beschriftet war. Der Grand Canyon liegt im US-Bundesstaat Arizona.

Cairo und Memphis sind beides Städte am gleichen Strom – dem Mississippi.

An einem klaren Tag kann man Russland von den USA aus sehen – wenn man in Alaska steht und über die Beringstraße nach Sibirien schaut.

Die Südspitze der Îles Radisson in der Ungava Bay, Quebec, Kanada, ähnelt aus dem Weltraum betrachtet so sehr dem Profil des englischen Schriftstellers und Dramatikers George Bernard Shaw, dass sie offiziell – eben! – George-Bernard-Shaw-Halbinsel getauft wurde.

Das Westende des Panamakanals mündet in den Atlantik, das Ostende in den Pazifik.

Südamerika liegt zum größten Teil östlich der Vereinigten Staaten.

Der Amazonas heißt so, weil die spanischen Eroberer dort wilde Stämme von Frauenkriegern, sogenannte Amazonen, angetroffen haben wollten.

Die höchste Erhebung der Malediven findet sich auf der Insel Villingili, die zum Addu-Atoll (Seenu) südlich des Äquators gehört. Der noch unbenannte „Berg" misst ganze zwei Meter vierzig über dem Meeresspiegel.

In Neuseeland gibt es mehr Schafe als Einwohner. Rund 4,4 Millionen Menschen leben auf der riesigen Pazifikinsel, aber immer noch über dreißig Millionen Schafe. Zwar ist deren Zahl rückläufig (von 33,9 Millionen im Jahr 2008 auf nur noch 32,4 Millionen 2009), dennoch kommen nach wie vor auf einen Neuseeländer mehr als sieben Schafe. In Schottland gibt es sogar 5,1 Millionen Einwohner gegenüber fünfzig Millionen Schafen.

Damals schon! Eine der ältesten Landkarten findet sich auf einem Tontäfelchen aus der Zeit um 2400 bis 2200 v. Chr., das in der Nähe von Kirkuk im Irak entdeckt wurde. Die Karte zeigt einen Fluss, Berge, Dörfer und diente der Erfassung – der Einkommenssteuer!

Erfindungen

siehe Büroklammer; Hefter; Locher; Kugelschreiber; Luftballon; Notfall-BH; Phonograph; Reißverschluss; Sicherheitsnadel

Erscheinung

Die Marienerscheinung mit der größten Zahl an Augenzeugen ist das sogenannte Sonnenwunder von Fatima am 13. Oktober 1917 – damals sahen geschätzte zwischen 30 000 bis 40 000 Menschen (manche Schätzungen gehen sogar bis zu 100 000 Anwesenden) zu, als die Sonne vom Himmel stürzte und sich in wilden Kreisen bewegte.

Die Vision mit den meisten Einzelerscheinungen ist jene von Medjugorje in Bosnien-Herzegowina. Erstmals am 24. Juni 1981 schauten sechs Kinder die Madonna, seither ist sie ihnen viele tausendmal erschienen: Vicka Ivankovic will bis heute mehr als 8000 Visionen gehabt haben, Mirjana Dragicevic bis 2006 800 Erscheinungen, Jacov Colo erscheint die Muttergottes sogar täglich. Die katholische Kirche hat die Erscheinungen nicht anerkannt.

Europa

Europa misst rund acht Prozent der Erdoberfläche, aber hier leben etwa 25 Prozent der Weltbevölkerung.

Everest

Weil immer mehr Touristen den 8848 m hohen Mount Everest erklimmen, forderten Umweltverbände im Herbst 2011 die Aufstellung von Toiletten in der Nähe des Gipfels.

Exkrement

Die Wissenschaft von den versteinerten Exkrementen ausgestorbener Tiere nennt man Koprologie.

Der kanaanitische Gott Pe'or wurde in Beth Pe'or, rund 20 Kilometer von Jericho entfernt, dadurch verehrt, dass die Betenden ihre Därme vor ihm auf den Boden entleerten.

Der Prager Zoo verkauft den Dung seiner Elefanten als Dünger – im Schnitt 200 Boxen mit je einem Kilogramm Elefantenexkrement wechseln jede Woche den Besitzer.

Im Herbst 1994 eröffnete in Leeuwarden, Holland, ein Museum für Exkremente.

Fabeltier

Das Fabeltier Sphinx war in Ägypten männlich (die weltberühmte Riesenstatue ist also „der Sphinx") und in Griechenland weiblich („die Sphinx" stellte dem Ödipus Fragen).

Genmanipulation? Der Greif ist ein Löwe mit dem Kopf und den Schwingen eines Adlers. Ein Onocentaurus hat einen menschlichen Körper mit einem Eselskopf. Eine Chimäre hat drei Köpfe (vorn einen Löwenkopf, im Nacken den einer Ziege, und der Schwanz läuft als Schlangen- oder Drachenkopf aus). Der Pegasus ist ein Ross mit Flügeln. Der Hippokamp ist ein Wasserwesen mit dem Oberkörper eines Pferdes und dem Unterleib eines Fisches.

Fahrrad

Von allen Fortbewegungsmitteln benötigt das Fahrrad am wenigsten Sprit: Etwa ein Pfund Fett wird pro 300 Kilometer verbraucht.

Fahrstuhl

Fahrstühle und Aufzüge gab es bereits in der Antike. Im römischen Kolosseum finden sich im Keller 36 Gewölbenischen, in denen die Aufzüge saßen, in die die Tiere hineingeschoben wurden, die dann, von einem Lift nach oben befördert, in der Arena hingemetzelt wurden. Gezogen wurden diese Fahrstühle von Seilen über Flaschenzüge, angetrieben haben sie Sklaven.

Fäkalien

Kuwait importiert künstlichen Wolfsurin aus Schweden. Es wird auf Wüstenpisten gesprayt, um Kamele von ihnen fernzuhalten.

Fass

Das größte Fass der Welt – 13,5 Meter im Durchmesser, 15 Meter lang, mit einem Fassungsvermögen von 1,7 Millionen Litern – befindet sich seit 1934 im pfälzischen Bad Dürkheim.

Fernsehen

Fünfmal innerhalb eines Tages ermordet zu werden – das schaffte im April 2011 der 63-jährige Hongkonger Schauspieler Law Lok Lam. Innerhalb eines Tages starb er auf mehreren asiatischen Kanälen in fünf unterschiedlichen Seifenopern – im abergläubischen Hongkong erhalten Schauspieler Geld als Glücksprämien, wenn sie final abgehen.

Feste

Das größte Fest der Weltgeschichte wurde 2001 in Prayag im indischen Bundesstaat Uttar Pradesh gefeiert. Siebzig Millionen Pilger kamen zum 42 Tage dauernden Pilgerfest Maha Kumbh Mela. Während dieses Festes verkleiden sich junge Männer als Frauen und sind so eine Zeit lang tatsächlich Frauen, die als lebende Göttin angebetet werden. Ihre Füße dürfen den Erdboden nicht berühren, deshalb werden sie die ganze Zeit über von ihren Vätern getragen.

Jedes Jahr findet am Mittwoch der letzten Augustwoche im spanischen Buñol (Valencia) die Tomatina statt, bei der sich Menschen gegenseitig mit faulen Tomaten bewerfen, bis der ganze Ort ein Schlammbad aus zermatschten Früchten ist. Das Dorf hat etwa 10 000 Einwohner, im August

2011 kamen 45 000 Besucher, um an der Tomatina teilzunehmen.

Jedes Jahr im Januar verkleidet sich nach altem Brauch in Whittlesea im englischen Lincolnshire ein Pflugführer als „Strohbär“, wird dann an der Leine durch das Dorf geführt und nach zwei Tagen der Feier im Feuer verbrannt (der Mann im Kostüm klettert natürlich vorher heraus).

Feuer

Deutschlands ältestes Feuer findet sich am Brennenden Berg bei Dudweiler im Saarland. Dort zündete ein unachtsamer Schäfer 1668 eine unterirdische Kohlenschicht an, seither brennt sie. Rauch quillt noch immer aus der Erde.

Film

Der berühmteste, selbst in Cineastenbüchern stets aufgeführte Filmfehler, ein römischer Soldat oder Wagenlenker im Monumentalepos „Ben Hur“ habe vergessen, seine Armbanduhr auszuziehen, sie sei groß im Bild zu erkennen, ist eine Ente: Niemand hat je ein Foto des Patzers veröffentlicht. Vielleicht kam das Gerücht auf, weil die Helden goldene Armbänder tragen, die wie Armbanduhren wirken können.

Im ersten Teil der Indiana-Jones-Serie von Steven Spielberg, „Jäger des verlorenen Schatzes“ (1981), sieht man an der Wand der ägyptischen Gruft, in der Indy die Bundeslade entdeckt, als Hieroglyphen die beiden Droiden aus „Star Wars“, R2-D2 und C-3PO.

Immer wieder ragen selbst bei Hollywood-Produktionen Mikrophonbalken ins Bild. Schlimmer ist es bei Wolfgang Petersens „Troja“: Da fliegt über die Köpfe der antiken Kämpen eine moderne Passagiermaschine. Manche Irrtümer verdankt man auch dem Drehbuch. In Steven Spielbergs wunderbarem Spektakel „Indiana Jones und der letzte Kreuzzug", das im Jahr 1938 spielt, fliegen die Helden mit einem Zeppelin, obwohl der Zeppelinverkehr nach der Katastrophe vom 6. Mai 1937 im amerikanischen Lakehurst eingestellt wurde.

Film, ödester Der englische Regisseur John Spring filmte 1993 eine Fahrt im Uhrzeigersinn entlang der Londoner Ringautobahn M25. Die Straße ist meist leer, als Höhepunkt gilt der kurze Blick auf einen Mann, der am Fahrbahnrand eine Straßenlaterne repariert. „M25: The Movie" verkaufte innerhalb von zwei Wochen dreihundert Exemplare zu einem Preis von je 9,99 Pfund. Das hundert Minuten lange Video ist nach wie vor über das Internet erhältlich – ein wahrer Klassiker!

Fingerabdrücke

Es gibt Menschen, denen das CSI niemals auf die Schliche käme – denn nicht jeder Mensch hat unverwechselbare Fingerabdrücke. Weltweit sind den Wissenschaftlern fünf Familien bekannt, die Adermatoglyphia aufweisen, glatte Fingerkuppen. Darunter ist eine Familie aus Basel in der Schweiz. Erst im Sommer 2011 lösten Forscher des Tel Aviv Sourasky Medical Center in Israel das Geheimnis: Ein Gendefekt sorgte dafür, dass neun der sechzehn Familienmitglieder keine Fingerrillen hatten.

Fisch

Von wegen, Goldfische haben nur ein Gedächtnis, das drei Sekunden lang reicht. Phil Gee (Plymouth University, Großbritannien) brachte Goldfischen bei, einen Hebelmechanismus zu bedienen, um Futter zu erhalten. Der Hebel konnte nur zu bestimmten Zeiten des Tages gedrückt werfen, auch das begriffen die Fische – und kamen stets pünktlich zur Futterstunde. Zusammen mit seinem Kollegen Jothan Lovell, der zusätzliche Experimente durchführte, schlussfolgerte Gee, dass sich Goldfische mindestens drei Monate lang an Erlerntes erinnern.

Flatulenz

Die bei der Verdauung produzierten Darmgase werden gemeinhin vom Blut aufgenommen und über die Lunge ausgeschieden – bis auf einen Überschuss von rund einem halben bis eineinhalb Litern pro Tag. Die gehen dann als Winde ab. Ein Wind braust mit einer Geschwindigkeit von 0,1 bis 1,1 Metern in der Sekunde aus dem Körper.

Das besondere Aroma verleihen unseren Blähungen die Bestandteile Stickstoff, Wasserstoff, Methan, Kohlenstoffdioxid und Schwefelverbindungen.

Fleisch

Das einzige frische Fleisch, das es auf englischen Kriegsschiffen des 18. Jahrhunderts zu essen gab, waren die Maden im Zwieback.

Fliegenpilz

Reiner Fliegenpilz (*Amanita muscaria*) kann eine tödliche Droge sein, die Sibirier nehmen ihn deshalb als Suppe gekocht zu sich. Da das Gift des Fliegenpilzes in der Niere nicht abgebaut wird, sammeln die sibirischen Koryaken den Urin derer, die Pilze zu sich genommen haben, und trinken ihn – dann ist die Wirkung des Halluzinogens milder und kontrollierbarer. Die Droge Fliegenpilz kann so bis zu fünf Mal recycelt werden.

Fluch

Fluch des Pharao Der englische Archäologie Howard Carter öffnete das neu entdeckte Grab des Pharaos Tutenchamun offiziell am 26. November 1922. Seither munkelt man vom „Fluch des Pharao" – er soll binnen kürzester Zeit alle Störer der Totenruhe des jungen Königs hinweggerafft haben. Allerdings starb nur einer der vier Anwesenden, Lord Carnavon, relativ bald: am 5. April 1923, nachdem er lange an einem entzündeten Moskitostich gelitten hatte und 56 Jahre alt geworden war. Die anderen drei „Grabschänder" erreichten ein hohes Alter, Carter selbst starb 1939 mit 66 Jahren, Canarvons Tochter Lady Evelyn Herbert starb erst 1980.

Flughafen

Nach Untersuchungen der Londoner Versicherungsgesellschaft Churchill Insurance Company im August 2000 gehen bei elf Prozent der Flugreisenden Koffer verloren. Die meisten fehlgeleiteten Koffer tauchen auf dem Flughafen von Kairo wieder auf, gefolgt von Amsterdam und Bangkok.

Flugzeug

Gegen Ende des 19. Jahrhunderts bewies der kanadische Astronom und Mathematiker Professor Simon Newcomb (1835–1909) durch komplizierte Berechnungen, dass Maschinen, die schwerer sind als Luft, niemals fliegen können.

Der erste motorisierte Flug der Menschheit, am 17. Dezember 1903 in Kitty Hawk durch Wilbur und Orville Wright, gelang mit einem Flugzeug mit einem Vierzylinder-Viertakt-Benzinmotor mit zwölf PS. Der Flug dauerte zwölf Sekunden und ging über eine Strecke von 37 Metern.

Fluss

In Europa streitet man sich, welches Gewässer der kürzeste Fluss des Kontinents ist. Anspruch erhebt der Comer See mit dem bis zur Mündung bei Varenna 250 Meter langen

Fiumelatte, der Gardasee mit dem Aril, der bereits 175 Meter nach seiner Quelle bei Malcesine in den See mündet.

Der Karstfluss Timavo entspringt zwischen Monfalcone und Duino und mündet nach zwei Kilometern in den Golf von Triest, er ist auch ein richtiger Strom. In Deutschland gilt die Pader, die bei Paderborn entspringt und nach rund vier Kilometern auch schon wieder in die Lippe mündet, als kürzester Fluss.

Der „offiziell" kürzeste Fluss der Welt ist der Roe River, der voll ausgewachsenen in den Giant Springs entspringt und nur 61 Meter später bei Great Falls, Montana, in den Missouri mündet. Der zweitkürzeste Fluss der USA ist mit 134 Metern Länge der *D* in Oregon.

Fluss, singender Der Pascagoula River, auch Singing River (singender Fluss) genannt, mündet bei Pascagoula, Mississippi, USA, ins Meer. Spätabends gegen Ende Sommer und im Herbst kommt aus dem Fluss ein sirrendes Geräusch wie Bienengesumme, zuerst kaum hörbar, dann immer lauter, bis es direkt aus dem Grund zu den Füßen des Zuhörers zu dringen scheint. Eine wissenschaftliche Erklärung steht noch aus, immerhin baten die Anrainer Anfang des 20. Jahrhunderts den Spiritisten (und Sherlock-Holmes-Erfinder) Sir Arthur Conan Doyle, ihnen bei der Erforschung des Spuks zu helfen.

Fotokopierer

Den modernen Fotokopierer erfand der Amerikaner Chester Floyd Carson (1906–1986) im Jahr 1938. Die ersten Geräte waren noch so störanfällig und gingen so oft in Flammen auf, dass sie standardmäßig mit einem Feuerlöscher ausgeliefert wurden.

Fremdsprachen-Akzent-Syndrom

Die Geschichte der Medizin kennt rund fünfzig verbürgte Fälle von Foreign Accent Syndrom. Ein Patient scheint nach einem Schlaganfall oder schweren Unfall plötzlich in einer Sprache zu sprechen, die er bewusst gar nicht beherrscht, oder er redet in einem für ihn unbekannten Dialekt oder mit ausländischem Akzent. Tatsächlich verändert sich nur die Sprachmelodie so stark, dass Außenstehende glauben, man spräche mit einem fremden Akzent – Briten beispielsweise Englisch mit deutscher Betonung.

Fußball

In den ersten, 1848 von Studenten der Universität Cambridge verfassten Fußballregeln wurde die Größe einer Mannschaft auf fünfzehn bis zwanzig Spieler festgelegt. Der erste Fußballklub der Welt, der Sheffield F.C., wurde 1857 gegründet; der erste Fußballverband, die Football Association (FA), 1863 in London. Erst 1870 beschloss die FA, dass eine Mannschaft aus genau elf Spielern zu bestehen habe.

Die höchste je erzielte Torzahl bei einem offiziellen Fußball-Länderspiel gab es bei einem Match zur WM-Qualifikation am 11. April 2001 im australischen Coffs Harbour zu vermelden: Die Australier erzielten 31 Treffer, die gegnerische Mannschaft aus Amerikanisch-Samoa keinen einzigen.

Gabelbart

Das Männchen des bis zu neunzig Zentimeter langen Asiatischen Gabelbarts (*Scleropages formosus*), ein Raubfisch aus Indonesien, Malaysia, Kambodscha, Thailand und Vietnam, nimmt die befruchteten Eier ins Maul und sie brütet dort, bis seine Jungen geschlüpft sind. Selbst dann bleiben sie noch zwei Monate im Maul des „Alten“, bis sie „ausziehen“.

Gallier

Fürchteten die Gallier wirklich, wie es in den Asterix-Heften heißt, dass ihnen der Himmel auf den Kopf fällt? Der griechische Autor Strabo (*Erdbeschreibung*, VII, 3,8) berichtet, dass Alexander der Große die an der Adria wohnenden Kelten fragte, was sie am meisten fürchteten – natürlich erwartete er, seinen Namen zu hören. „Sie jedoch antworteten, sie fürchteten niemanden, es sei denn, der Himmel falle auf sie, sie fügten jedoch in der Tat hinzu, dass sie seine Freundschaft über die jedes anderen Menschen schätzten."

Ganges

Im Ganges bestattete Hindus erfahren besondere Gnaden, jedes Jahr werden in Indiens wichtigstem Fluss etwa 8000 Leichen bestattet. Um Seuchen vorzubeugen, setzte die indische Forstbehörde deshalb im September 1989 rund 3000 fleischfressende Schildkröten in dem Gewässer aus.

Garnknäuel

Der größte Garnknäuel der Welt mit zwölf Metern Durchmesser und einem Gewicht von 8000 Kilo wurde von Francis A. Johnson zwischen 1950 und 1969 gewickelt und kann heute noch in Darwin, Minnesota, USA, bestaunt werden.

Gartenzwerge

Gartenzwerge als atropäische, also Dämonen abwehrende Bildnisse, stellten bereits die alten Ägypter um 1800 v. Chr. auf, wo der löwenhäuptige Zwerg Bes Schlangen vertrieb und für Fruchtbarkeit sorgte. Unsere modernen Gartenzwerge entstanden um 1690 für Schloss Mirabell in Salzburg, ab dem 19. Jahrhundert wurden sie auch vom Bürgertum aufgestellt.

Geburt

Wie viele Menschen werden jeden Tag weltweit geboren? Schätzungsweise rund 225 000 Babys kommen jeden Tag zur Welt, das sind etwa 10 000 in der Minute und über 80 Millionen im Jahr.

Gedenktage

Warum immer nur den Nationalfeiertag oder Halloween feiern? Am 21. Februar ist der „Welttag des Fremdenführers" (seit 1987); am 27. April „Welt-Grafiker-Tag"; am 5. Mai „Internationaler Hebammentag"; am 1. Juni seit 2002 „Weltbauerntag"; am 2. Juni (seit 1975) „Welthurentag"; am 23. Juni der „Tag des Öffentlichen Dienstes"; jeweils am letzten Freitag im Juli der internationale „Tag des Systemadministrators"; am 8. November wird seit 2004 der „Internationale Tag der Putzfrau" begangen. Etwas komplizierter ist es mit dem „Tag der Briefmarke": Er wird in Deutschland am letzten Sonntag im Oktober gefeiert, in der Schweiz und in Österreich im Dezember.

Gehirn

Verwendet man das Verhältnis von Gehirngewicht zu Körpergewicht als Maßstab, dann haben Mäuse und Spatzen größere Gehirne als Menschen.

Geiziger Verschwender

Berühmt und berüchtigt waren die opulenten Festmahle, die der Römer Agostino Chigi gab. Bei einem Bankett im Jahre 1518 ließ er – zum Entsetzen seiner Gäste – alle goldenen und silbernen Teller schwungvoll in den Tiber werfen. Doch der verschwenderische Gastgeber war clever – vor dem Fest hatte er auf dem Flussbett Netze verteilt, mit denen er sein kostbares Geschirr dann doch wieder zu sich holte.

Gemälde

Das größte Bild, das Menschen je gemalt haben, passt in keinen Rahmen. Es ist 3,2 Kilometer hoch mit einer Breite von 27 Kilometern. Angehörige der australischen Armee hatten es im Juli 1998 in den Wüstenboden südlich des Lake Eyre gepflügt.

Gemüse

Über fünfzig Prozent der DNA von Mensch und Apfel sind identisch.

Geräusch, lautestes

Die lautesten Geräusche auf der Erde, noch lauter als Heavy Metal, erzeugen Vulkane. Die Explosion des indonesischen Tambora am 10. April 1815 wurde noch in 2600 Kilometer Entfernung gehört, der Knall der Eruption des Krakatao am 27. August 1883 noch in Perth in Westaustralien vernommen, das 3110 Kilometer entfernt liegt – und sogar noch auf der 5000 Kilometer entfernten Insel Rodrigues bei Mauritius.

Gerichtsverfahren

1671 reichte Peter Rahm im schwedischen Jamtland bei Gericht eine notariell beglaubigte Anklageschrift gegen Trolle ein. Sie hätten seine Ehefrau entführt und sie gezwungen, bei einer Trollgeburt als Hebamme mitzuwirken. Die Trolle konnten allerdings nicht gefasst und nie bestraft werden.

Die Gleichstellungsbehörde der USA, die Equal Employment Opportunity Commission (EEOC) in Washington, entschied, dass eine Schule sich nicht weigern dürfe, einen Lehrer einzustellen, nur weil er ein paranoider Schizophrener sei. Ebenso illegal, so die Behörde, war es, einem Einäugigen nicht als Fahrer bei einem Paketauslieferungsdienst anzustellen.

Eltern einer Schule in Gaston County, North Carolina, USA, reichten bei der Schulbehörde eine Klage ein und verlangten, dass Afrika und Deutschland nicht auf den Landkarten im Klassenzimmer dargestellt werden dürften, da es sich um unchristliche Regionen handele. Sie verlangten außerdem ein Verbot von griechischen Buchstaben im Mathematikunterricht – die Lettern forderten „zur Homosexualität auf".

Eltern in Ohio haben 1994 eine Klage gegen Lexika und Wörterbücher in Schulbüchereien eingereicht – die Vielzahl von Wörtern sei doch zu verwirrend für die Schüler!

1989 kauften Jeffrey und Patrice Stambovsky von Helen Ackley ein Haus am Hudson in Nyack, New York. Allerdings hatte die Vorbesitzerin dem Paar verschwiegen, dass es in dem Gemäuer spukte. Sie klagten daher auf Schadensersatz – und erhielten Recht. Das Haus, so Richter Israel Rubin, sei nicht, wie im Kaufvertrag festgelegt, „leer" übergeben worden.

Als sich die Hellseherin Judith Richardson Haimes 1976 in Philadelphia, USA, einer CAT-Scan-Untersuchung unterzog, weil man einen Gehirntumor vermutete, musste sie danach entsetzt feststellen, dass all ihre übernatürlichen Fähigkeiten verschwunden waren! Sie verklagte das Krankenhaus, das Temple University Hospital, und erhielt im März 1986 über eine Million Dollar Schadensersatz!

Am 27. Februar 1992 verschüttete die 79-jährige Stella Liebeck bei McDonald's einen Kaffee, als sie den Plastikdeckel abzog. Das Gebräu verursachte schwere Verbrennungen. Im folgenden Prozess „Liebeck vs. McDonald's Restaurants" wurden ihr von der Jury 1994 2,86 Millionen Dollar Schadensersatz zugesprochen, weil auf dem Becher zwar eine Warnung vor heißen Kaffee aufgedruckt war, aber in zu kleiner Schrift! Der Richter verringerte die Summe auf

640 000 Dollar. Schließlich einigten sich beide Parteien auf eine geheime, einvernehmliche Lösung. Frau Liebeck war nur deshalb vor Gericht gezogen, weil sich ihre Arztrechnungen auf 10 500 Dollar beliefen, McDonald's aber nur 800 Dollar davon übernehmen wollten.

Im April 1987 löste sich ein Balken in einem Laden für Heimwerkerbedarf in Hollywood, Florida, und verletzte Mrs. Penny Pellito. Bei einer anschließenden Operation wurde die Frau betäubt – und stellte beim Erwachen fest, dass sie ihre Fähigkeiten als Hellseherin verloren hatte. Sie verklagte die Ladenkette auf eine Million Dollar Schadensersatz, die Kette bot im Gegenzug 17 000 Dollar an. Die Sache ging vor Gericht. Am 8. Februar 1991 fand die Jury, dass Frau Pellito wohl über übernatürliche Fähigkeiten verfüge, sie aber nicht belegen könne, dass sie diese tatsächlich verloren habe. Sie erhielt 1000 Dollar Schadensersatz.

Im Oktober 1987 wurde Russell Welch in Fresno, Kalifornien, der Entführung und Ermordung der 16-jährigen Theresa Ann Bier angeklagt. Seine Verteidigung: Während er mit ihr spazieren ging, kam ein Bigfoot (ein amerikanischer Yeti), schnappte sich das Mädchen und rannte mit ihm davon.

Tu's nicht! Im November 1993 stand Gary Joseph Rasp in Santa Rosa, Kalifornien, wegen Mordes vor Gericht. Sein Verteidiger Gary Dixon bat, einen Papagei als Zeugen zuzulassen, dessen laute Schreie „Richard, tu's nicht" den Angeklagten entlasten sollten. Der Richter ließ die Aussage nicht zu, solange der Papagei den Nachnamen des echten Mörders nicht nennen könne.

Gesetze, amerikanische

Der Amateurmathematiker Edwin J. Goodwin glaubte im Jahre 1897, eine Methode zur Quadratur des Kreises entdeckt zu haben. Diese – mathematisch unmögliche – Methode wollte er zum Gesetz erklären lassen. Der Abgeordnete Taylor I. Record brachte den Gesetzentwurf 1897 als Nr. 246 bei der Sitzung der Generalversammlung des US-Bundesstaates Indiana ein und forderte unter anderem, man müsse den Wert der Zahl Pi auf 3,2 festlegen. Ein Mathematikprofessor erhob Einspruch und verhinderte so die Annahme eines Gesetzes, das einen falschen Wert für Pi verbindlich gemacht hätte.

Am Luther College in Decorah, Iowa, ist es seit Anfang der 1990er Jahre verboten, nackt Fußball zu spielen. Bislang wurde die Vorschrift nur einmal angewendet: Drei Studenten, die am 8. Mai 2002 dabei erwischt wurden, wie sie ohne Kleidung kickten, wurden zur Zahlung einer Strafe von je 250 Dollar verurteilt.

Aufgrund der Sabbatheiligung ist es im amerikanischen Bundesstaat Alabama verboten, am Sonntag zu schießen, zu jagen, zu wetten, Karten zu spielen oder Rennen zu veranstalten. Bei Zuwiderhandlung droht eine Geldbuße zwischen zehn und 100 US-Dollar oder eine Gefängnisstrafe von bis zu drei Monaten (Alabama Code: Title 13A, Chapter 12, Section 13A-12-1).

Im Skamania County im Süden des US-Bundesstaats Washington verbot seit dem 1. April 1969 das Ortsstatut 69-01, einen Bigfoot zu töten. Zuwiderhandlung wurde mit 10 000 US-Dollar Buße oder bis zu fünf Jahren Gefängnis geahndet. Das Statut wurde allerdings 1984 aufgehoben und durch Ortsstatut 1984-2 ersetzt. Jetzt ist das Töten eines Zottelmonsters in der Bergwildnis dort nur noch eine Ordnungswidrigkeit.

In Minnesota ist das Überqueren der Landesgrenzen mit einer Ente auf dem Kopf untersagt – das stimmt! Es ist aber auch untersagt, sonstwie eine Ente über die Grenze zu tragen, um die Ausbreitung von Geflügelkrankheiten zu verhindern. Entsprechend ist die Einfuhr von Hühnern auf dem Kopf nach Wisconsin untersagt – ob im Korb, im Auto oder im Karton.

Seit dem 20. April 1982 ist es per Dekret des Stadtrats verboten, in den Gewässern rund um Port Henry, New York, USA, ein Seeungeheuer zu belästigen, zu verletzen oder zu töten.

Teil 1211 der „Aeronautics and Space Federal Guidelines", die vom US-Kongress am 16. Juli 1969 verabschiedet wurden, bestraft jeden unautorisierten Kontakt mit Außerirdischen mit einem Bußgeld in Höhe von 5000 Dollar und einem Jahr Gefängnis. Allerdings: Das Gesetz will vor allem Quarantänebedingungen sicherstellen, wenn irdische Raumsonden von fremden Planeten kommen, um Epidemien zu verhindern. Bislang sind alle Menschen, die erklärten, sie hätten eine fliegende Untertasse angefasst, straffrei ausgegangen.

Die Stadt Cisco, Kalifornien, bestraft jeden mit einer Geldbuße in Höhe von 500 Dollar, der ihn ihrem Zentrum eine Atombombe detonieren lässt.

Im September 1990 verhandelte der Senat des amerikanischen Bundesstaats Mississippi die Frage, ob man Zwergen erlauben solle, mit Armbrüsten zu jagen.

Staatsstreich im Kapitalismus – schwierig! Im amerikanischen Bundesstaat South Carolina ist es seit 1951 per Gesetz untersagt, eine Regierung zu stürzen, wenn man sich nicht vorher gegen eine Gebühr von fünf US-Dollar offiziell registrieren lässt. Schlechte Aussichten für klamme Putschisten!

Gesetze, bhutanische

Der 7500 Meter hohe Gangkhar Puensum in Bhutan ist einer der höchsten unbestiegenen Berge der Welt. Das wird sich so schnell auch nicht ändern. Der Grund: Seit 1994 verbietet die Regierung des Himalaya-Staats die Ersteigung aller Berge über 6000 Meter Höhe, weil diese Wohnorte der Götter sind.

Gesetze, brasilianische

Im Jahr 2000 verbot Elcio Berti, der Bürgermeister der 10 000-Einwohner-Gemeinde Bocaiuva do Sul in Brasilien, drei Tage vor Weihnachten den Verkauf von Tabakprodukten. Seither wird streng kontrolliert.

Gesetze, deutsche

Essen Sie Ihre Currywurst im Stehen, kostet das sieben Prozent Mehrwertsteuer, setzten Sie sich dafür aber hin, müssen Sie für den gleichen Imbiss 19 Prozent Mehrwertsteuer bezahlen.

Für esoterische Wundermittel wie etwa rechts- oder linksdrehendes Wasser wird gewöhnlich mit anonymisierten Kundenberichten geworben, weil die gleichen Wirkungsbehauptungen, vom Hersteller selbst gemacht, juristisch als Täuschung gelten könnten und daher strafbar wären.

Gockel dürfen in Deutschland in Wohngebieten nur nach sieben Uhr krähen, und zwar bis 20 Uhr. Danach müssen sie erneut den Schnabel halten.

Eine Kalbswurst muss nur zu 15 Prozent Kalbfleisch enthalten. Das legen die deutschen „Leitsätze für Fleisch und Fleischerzeugnisse“ fest. Will der Käufer wirklich Kalbswurst, muss er darauf achten, dass er „reines Kalbfleisch“ erwirbt.

Gesetze, englische

Ein englisches Gesetz aus der Zeit des Königs Richard III. (1377–1399) erklärt als legal, in der Stadt Hereford einen

Waliser mit dem Bogen zu erschießen, sofern der Abstand zwischen Schützen und Opfer mindestens zwölf Meter beträgt und die Tat an einem Sonntag begangen wird. Das Gesetz wurde nie annulliert.

Bis ins 19. Jahrhundert gab es in Großbritannien „rotten boroughs", Wahlkreise, in denen es nur ein paar Einwohner gab – sodass der dortige Kandidat definitiv mit seiner Wahl zum Parlamentsabgeordneten rechnen konnte (insbesondere, wenn er mit Bestechung nachhalf). Der Wahlkreis Old Sarum in Wiltshire hatte beispielsweise nur elf Wähler, konnte aber zwei Abgeordnete entsenden; die Großstadt Manchester dagegen war nicht einmal Wahlkreis!

Die „Park- und Gartenverordnung" Großbritanniens von 1977 erlaubt in Abschnitt 23 das Berühren von Pelikanen in London nur nach vorheriger schriftlicher Genehmigung.

Gesetze, französische

Im Februar 1955 erließ der Bürgermeister des südfranzösischen Dorfes Châteauneuf-du-Pape eine Verordnung, die es „fliegenden Untertassen" oder „fliegenden Zigarren" jedweder Nationalität untersagte, auf dem Gelände der Gemeinde zu landen.

In Frankreich war es bis 1951 verboten, an den Schulen – auch in der Bretagne – Bretonisch als Fremdsprache zu lehren. Erst ab 1966 erlaubt es die französische Gesetzgebung den Bewohnern der Bretagne, ihren Kindern bretonische Namen zu geben.

Gesetze, schwedische

Im Januar 1986 erklärte die Landesverwaltung Jämtland den Fang oder die Tötung eines Seeungeheuers im See Storsjö in Mittelschweden zu einer Straftat unter dem Abschnitt 14 des Naturschutzgesetzes.

Gespenster

Das erste mit Ketten rasselnde Gespenst hat der römische Schriftsteller Plinius der Jüngere (Buch 7, Brief 27) im ersten nachchristlichen Jahrhundert beschrieben. Es soll sich in einem verlassenen Haus in Athen gezeigt haben.

Im 13. Jahrhundert konnte man in Island ein Gespenst verklagen, wenn es einem die Nachtruhe raubte.

In der ganzen Welt benutzt man das deutsche Wort Poltergeist, um einen ebensolchen zu benennen.

Selten um Mitternacht Wann erscheinen Geister und Gespenster am häufigsten? Der Parapsychologe Andrew MacKenzie wollte das genau wissen. In seinem Buch „Ghosts and Apparitions" (1982) untersuchte er das vorliegende Material statistisch. Demnach wurde rund ein Drittel aller Erscheinungen kurz vor oder kurz nach dem Einschlafen wahrgenommen – ein Hinweis darauf, dass es sich um sogenannte hypnagoge Halluzinationen handeln könnte. Darunter versteht man Wahrnehmungsstörungen, die rund zehn bis dreißig Prozent der Bevölkerung regelmäßig erlebt und die auf die Prozesse zurückzuführen sind, wie das Gehirn eingehende Sinnesinformationen verarbeitet. Übrigens erleidet jeder Mensch jeden Tag heftige Halluzinationen in einem veränderten Bewusstseinszustand. Der volkssprachliche Ausdruck dafür: Träume.

Getränke

Beim achttägigen Flug des Space Shuttles Discovery war im Februar 1995 ein Coca-Cola-Automat mit an Bord. 750 000 Dollar ließ sich der Softdrink-Hersteller das kosten.

Gibraltar

Gibraltar ist die letzte Kolonie in Europa. Das britische Überseegebiet aber weigert sich beharrlich, seine Kolonialherren loszuwerden. Bei einen Referendum sprachen sich 2002 knapp 99 Prozent der rund 27 000 Einwohner gegen Pläne der britischen Regierung aus, das Landzipfelchen gemeinsam mit Spanien zu verwalten.

Glas

Neben dem Menschen gibt es noch zahlreiche weitere Lebewesen, die Glas herstellen – unter anderem etwa die 500 Arten der Glasschwämme sowie Kieselalgen und Radiolaren bei den Einzellern.

Glück

Pech gehabt? Versuchen Sie es doch mal mit den folgenden Glücksrezepten: In Peru bringt es Glück, wenn ein Schamane magische Formeln spricht und dabei ein lebendiges Gürteltier über Ihren Kopf hält.

In China ist die Acht eine Glückszahl.

In Japan beginnt der Tag schon gut, wenn einem beim Aufstehen eine Spinne begegnet: Spinnen verheißen Glück!

In Neuseeland bringt es Glück, einen heiligen weißen Kiwi zu sehen – das ist machbar, denn im Juli 2011 ist einer im Pukaha-Vogelreservat geschlüpft.

Glühbirne

Dauerbrenner Seit über hundertzehn Jahren brennt eine Glühbirne in der Feuerwache Nummer 6 im Städtchen Livermore, Kalifornien. Die Birne wurde in den 1890ern von der Shelby Electrics Company in Ohio hergestellt und als Ersatz für eine Kerosinlampe eingeschraubt. Seit die Birne 1972 erstmals für Schlagzeilen sorgte, wird sie überwacht.

Golden Gate Bridge

Seit ihrer Eröffnung im Jahr 1937 sind rund 1400 Selbstmörder von der berühmten Golden Gate Bridge bei San Francisco, Kalifornien, in ihren Tod gesprungen.

Golf

Golf ist ein Sport, der mindestens tausend Jahre alt ist. Französische Dokumente erwähnen das Spiel bereits um 1200, ein Bild in dem Stundenbuch der Adelaïde von Savoyen zeigt schon 1450 einen puttenden Golfer. Andre Nachweise gibt es aus Belgien (1360 und 1480). In England zeigt ein Glasfenster der Kathedrale von Gloucester von 1340 ebenfalls einen Golfer.

Google

Der Server von Google braucht so viel Strom wie eine Großstadt: jährlich 2,26 Milliarden Kilowattstunden.

Götter

Der ägyptische Schakal ist wissenschaftlich gesehen gar kein Schakal, sondern eine Unterart des grauen Wolfes. Anubis, der sogenannte schakalköpfige Gott, ist demnach in Wirklichkeit … ein Werwolf!

Es gibt viele Mythen darüber, wie die klassischen Götter geboren wurden. Aber der griechische Gott Pan ist der einzige Gott, der je gestorben ist. Das berichtet zumindest im ersten nachchristlichen Jahrhundert der griechische Autor Plutarch, nach ihm starb der Gott auf der Insel Paxos.

Göttin bereitet Kopfschmerzen Auch gebärende Götter haben Wehen: Als Göttervater Zeus einmal unter großen Kopfschmerzen litt, zertrümmerte ihm der Schmiedegott Hephaistos das Haupt, und heraus sprang – in voller Rüstung – Athene.

Grönland

In der Landessprache Kalaallisut heißt Grönland Kalaallit Nunaat.

Großstadt, Lichter der

Rund zehn Prozent des Energieverbrauchs der Stadt Berlin werden für die Straßenbeleuchtung verwendet.

Guam

Guams Hauptexportprodukte sind Petroleum-Erzeugnisse, Autos und Nahrungsmittel, die Hauptimporteure von Produkten aus Guam sind Japan, China, Singapur und Indien. Diese Informationen sind allerdings nur so lange unnütz, bis Sie auf einer Party in die Verlegenheit kommen, mit einem Bürger Guams Small Talk halten zu müssen.

Guano

Aus Mist Geld machen Der Dünger Guano, im 19. Jahrhundert weltweit eingesetzt, ist nur Vogelkot, hauptsächlich von Pinguinen.

Gummiente

Die offiziell weltgrößte Sammlung von Quietscheentchen – sie ist vom Guinness-Buch der Rekorde anerkannt – hortet Dr. Charlotte Lee in Washington, USA. Protokollierte Gesamtzahl an Exemplare: ganze 5239 Stück.

Quietscheentchen im Dienste der Wissenschaft. Am 10. Januar 1992 spülte ein Sturm im Pazifik rund 29000 quietschgelbe Badewannenenten von einem Frachter. In den Folgejahren wurden Enten in Kamtschatka in Russland und in Alaska angespült, offenbar gelangten einige davon auch eingefroren im Eis in den Nordatlantik. Am 15. Juli 2007 erreichte die erste Ente England zwischen Woolacombe und Putsborough. Mittlerweile sammelt der Ozeanologe Dr. Curtis Ebbesmeyer aus Seattle alle Berichte über Entenfunde – denn aus diesen Daten gewinnt die Wissenschaft mehr Erkenntnisse über Meeresströmungen als durch jede andere Methode.

Gurgler Ferner

Die ersten Menschen, die fast bis ins All aufstiegen, landeten nicht in der kasachischen Steppe und auch nicht im Pazifischen Ozean, sondern im verträumten Ötztal an der österreichisch-italienischen Grenze. Der Schweizer Wissenschaftler Auguste Piccard und sein Assistenz Paul Kipfer stiegen im Mai 1931 von Augsburg mit einem speziell konstruierten Stratosphärenballon bis in eine Höhe von 16 Kilometern auf, mussten dann aber am Gurgler Ferner bei Obergurgl im Ötztal notlanden.

Haar

Im Durchschnitt wächst ein menschliches Haar im Jahr zehn Zentimeter.

Hai

Auf den polynesischen Inseln Huahine, Ulawa und Ysabel Island gilt der Hai als Retter der Schiffbrüchigen.

Die bis zu acht Meter langen Weißen Haie des Mittelmeeres stammen von Artgenossen ab, die vor 450 000 Jahren aus Australien nach Norden gewandert sind.

Achtung, Angriff! In dem unwahrscheinlichen, aber misslichen Fall, dass Sie auf dem offenen Meer oder in Strandnähe hilflos einem Grauen Riffhai (*Carcharhinus menisorrah*) ausgeliefert sind, sollten Sie unbedingt Folgendes beachten: Verhält sich der Raubfisch seltsam, dann ist er aggressiv und will angreifen, macht er das nicht, ist er satt und wird Ihnen nichts tun. Wie erkennen Sie nun „seltsames Verhalten"? Der Haiexperte Hans Hass erklärt, der Fisch schwimme mimisch übertrieben, mit seitlich ausladenden Ausschlägen des Kopfes und des Schwanzes. Und: „Dieser Bewegung wird noch vielfach ein Anheben des Kopfes überlagert, was zu einem Rollen des Hais und weiter zu einem Spiralschwimmen führt." Schwimmt der Hai wie ein Korkenzieher, dann nichts wie raus aus dem Wasser!

Falls Sie nicht von einem Hai angegriffen werden, aber gern von einem Raubfisch attackiert werden würden (es soll ja die seltsamsten Menschen geben), dann hilft es nicht, einfach etwas Blut ins Wasser zu spritzen: Bis Jacques Cousteau für seine Filme Haie publikumswirksam anzulocken vermochte, musste er einen aufgeschlitzten Wal ins Meer hängen. Hans Hass hat festgestellt, dass es fünf aufeinanderfolgende Schlüsselreize braucht, bis Haie in den Fressrausch fallen: Geräusche, das Zappeln verletzter Fische, dann muss der Hai Blut riechen, die Beute Fluchtverhalten zeigen und schließlich – nachdem er zugebissen hat – muss dem Hai die Beute auch noch schmecken.

Haiangriffe Weltweit werden jedes Jahr zwischen fünfzig und 75 Angriffe von Haien auf Menschen gemeldet. Nur fünf bis zehn davon aber sind tödlich. Von 1990 bis 1995 erfasste die „International Shark Attack File" (ISAF) in Florida 283 Unfälle mit Haien vom gesamten Globus, 14,1 Prozent (40 Angriffe) davon verliefen tödlich. Jedes Jahr töten Haie also auf der ganzen Welt so viele Menschen, wie in Deutschland der Blitz erschlägt! Die ISAF hat insgesamt 2700 Haiangriffe seit dem 16. Jahrhundert registriert.

Pro Jahr werden weltweit bis zu hundert Millionen Haie geschlachtet, um an die als Delikatesse beliebten Flossen zu kommen.

Hände trocknen

Eine groß angelegte Studie der Applied Ecology Research Group der Universität Westminster, London, fand 1998 heraus: Wer sich nach dem Händewaschen mit einem Papierhandtuch abtrocknet, reduziert die Bakterien auf der Haut um 58 Prozent, wer dazu ein Endlosbaumwollhandtuch nimmt, immerhin noch um 45 Prozent. Werden die Hände nach dem Waschen aber mit einem Heißluftapparat getrocknet, erhöht sich ihre Zahl um 255 Prozent!

Handy

Das Wort Handy ist eine deutsche Neuschöpfung, im Englischen gibt es das nicht. Dort nennt man ein Handy *cellular phone* oder *cell phone* oder *mobile phone*. Das englische Wort *handy* bedeutet angenehm oder geschickt.

Natürlich hat eine Frau die Grundlagen für unser Handy geschaffen: kein Mobiltelefon ohne den Hollywood-Star Hedy Lamarr. Lamarr, 1914 von jüdischen Eltern in Wien als Hedwig Eva Maria Kiesler geboren, war der Traum unserer Großväter: 1933 war sie als Erste zehn Minuten lang völlig nackt in einem Film zu sehen (und hatte dann noch eine Sexszene!). Vor den Nazis nach Hollywood geflohen, erfuhr sie 1942 auf einer Party in Hollywood, das die Deutschen die Möglichkeit entdeckt hatten, die Radarsteuerung amerikanischer Torpedos zu blockieren. Auf mehreren Servietten entwarf sie – gemeinsam mit dem Komponisten George Antheil – in wenigen Stunden ein Frequenzsprungverfahren, für das beide das US-Patent 2,292,387 erhielten. Die Erfindung besiegte nicht nur die Radarblockade der Deutschen, sondern wurde zur Grundlage der modernen Mobilfunktechnik.

Hauptstädte

Einige Hauptstädte für Angeber: South Tarawa ist die Hauptstadt von Kiribati, Tegucigalpa ist die Hauptstadt von Honduras, Port Moresby ist die Hauptstadt von Papua-Neuguinea, Nuuk ist die Hauptstadt von Kalaallit Nunaat (vormals Grönland), Avarua ist die Hauptstadt von Kūki 'Āirani (Cook-Inseln), Yaren ist die Hauptstadt von Nauru und natürlich ist Antananarivo die Kapitale von Madagaskar.

Haustiere

Die Gehirne von Haustieren sind im Durchschnitt um ein Drittel kleiner als die Gehirne der Wildform.

In Europa war das erste Haustier des Menschen nicht der Hund, sondern das Ren.

Haustierhimmel Eine Umfrage unter 1018 zufällig ausgewählten erwachsenen Haustierbesitzern, die der Fernsehsender „ABC" im Jahr 2001 in den USA durchführte, ergab, dass 47 Prozent der Herrchen und Frauchen überzeugt waren, dass ihre Lieblinge nach dem Dahinscheiden in den Himmel kommen.

Hefter

Der früheste maschinelle Hefter wurde unter der Regierung des französischen Königs Ludwig XV. um 1700 verwendet – dabei trug jede handgemachte Klammer das Abzeichen des königlichen Gerichts. Erfinder des modernen Papierhefters war Sam Slocum. Sein Gerät wurde am 30. September 1841 patentiert – es verwendete allerdings noch Nadeln. Die Heftklammer selbst ist eine Erfindung der Novelty Mfg Company (Patent am 7. August 1866).

Heilige

Vom 22. Januar 1588 bis zum 16. Oktober 1978 sprach die katholische Kirche 302 Menschen heilig. Dann brach das Pontifikat von Papst Johannes Paul II. an, er sprach 482 Menschen heilig und 1338 selig!

Das einzige Apostelgrab nördlich der Alpen ist das des heiligen Matthias in der Abteikirche der Benediktinerabtei St. Matthias Trier.

Bei einer Heuschreckenplage ruft man den heiligen Pantaleon um Hilfe an, bei einer Mäuseplage die Heilige Gertrud von Nivelles und bei Wurmbefall den heiligen Pirmin von der Reichenau.

Der Schutzpatron bei Wasserscheuheit ist Hubert von Maastricht; die Schutzheiligen der Puderhersteller sind der hl. Nikolaus von Myra und Maria Magdalena. Zum Schutzheiligen der Buckligen hat die Kirche den hl. Vitus ernannt, bei Geschlechtskrankheiten ruft man die Heiligen Apollinaris von Ravenna oder Dionysius von Paris an.

Auch St. Vitalis von Assisi (1295–1370) ist der Schutzheilige bei Geschlechtskrankheiten.

St. Ludwiga von Schiedam (1380–1433) ist die Schutzheilige der Schlittschuhläufer. Ihr Festtag wird am 14. April begangen.

Die Madonna del Ghisallo, die in der Kirche von Ghisallo am Comer See verehrt wird, wurde 1949 von Papst Pius XII. zur Schutzpatronin der Radfahrer ernannt.

Im Jahre 2001 erwog Papst Johannes Paul II., den heiligen Isidor von Sevilla (geb. um 560 n. Chr., gestorben 636) zum Schutzpatron des Internets auszurufen. Isidors Hauptwerk *Etymologiarum sive originum libri XX* enthielt in zwanzig Bänden alles damals bekannte Wissen. Allerdings hat der Vatikan bis zum Stichtag noch keine Entscheidung getroffen, wer nun Schutzheiliger des Internets wird.

Der „fliegende Heilige“ Josef von Copertino (1603–1663) wurde über hundert Mal, auch von zuvor skeptischen und ungläubigen Augenzeugen, beobachtet, wie er einen Hahnenschrei ausstieß und sich dann mit flatternden Armen in die Luft erhob. Sein Gedenktag ist der 18. September, er ist der Schutzpatron der Flieger.

Haarige Sache Die heilige Agnes könnte die Schutzheilige der Kosmetikerinnen sein. Während der Christenverfolgung durch Diocletian gegen Ende des 3. Jahrhunderts wollte der Sohn des Stadtpräfekten die Zwölfjährige heiraten, sie aber meinte, sie sei die Gattin Christi. Um sie bloßzustellen, ließ er ihr die Kleider vom Leib reißen und zwang sie in die Prostitution. Doch der Himmel hatte ein Einsehen – in Sekundenschnelle wuchsen ihre Haare, um ihre Blöße zu verdecken.

Heilige Seejungfrau!

Im Jahre 558 n.Chr. wurde in Irland eine Seejungfrau namens Liban gefangen. Als der Heilige Comgall sie fragte, ob sie lieber 300 Jahre lang leben oder gleich in den Himmel kommen wollte, entschied sie sich für das Zweite. Seitdem wird sie in Irland als Heilige verehrt.

Helden

Karl der Große konnte vermutlich weder lesen noch schreiben.

So wie Caesar zu Kaiser und Zar wurde, so haben viele Länder Carolus, den lateinischen Namen Karls des Großen, als Wort für König adaptiert: Im Russischen heißt der König *korol*, in Polen *król*, auf Tschechisch *král* und in den südslawischen Sprachen *kralj*. Selbst das türkische Wort für König, *kral*, bezieht sich auf Karl den Großen.

Sir Arthur Rostron, Kapitän der Oceanliners „Campania“ und „Carpathia“, kam zweimal in die Schlagzeilen: zum zweiten Mal im April 1912, als er 700 Überlebende der Titanic rettete, zum ersten Mal im April 1907, als er vor der irischen Küste eine riesige Seeschlange sah.

Papst Pius XI. weigerte sich 1931 aus Schicklichkeitsgründen, Mahatma Gandhi zu empfangen. Er solle sich erst einmal eine Hose anziehen.

Im Januar 1987 erklärte der amerikanische Tele-Evangelist Oral Roberts (1918–2009), Gott sei ihm erschienen und habe ihn beauftragt, bis zum März des Jahres acht Millionen Dollar Spenden für ein von Roberts geleitetes Krankhaus zu sammeln. „Gott tötet mich, wenn ich es nicht schaffe", erklärte er seinen Schäfchen. Am 1. April gab er bekannt, dass er insgesamt 9,1 Millionen Dollar erhalten habe und weiterleben dürfe. Im November schloss er das Krankenhaus.

James F. Fixx gilt als der Erfinder des Jogging. Sein 1977 veröffentlichtes *Das komplette Buch vom Laufen* schuf die moderne Joggingwelle und machte Dauerlauf schick – aber gesund? Fixx, 1932 geboren, kollabierte im Alter von 52 Jahren und starb an einem Herzinfarkt, während er joggen war!

Am 29. April 2011 heirateten Prinz William von England und Kate Middleton in der Westminster Abbey zu London. Um den Anlass gebührend zu feiern, veröffentlichte die neuseeländische Post Sonderbriefmarken in einer schmucken Geschenkbox. Die Briefmarken waren schön, aber die Box falsch: Statt des richtigen Geburtsdatums von Prinz William, dem 21. Juni 1982, stand auf der Schachtel der 21. Mai 1982! Die Boxen wurden aus dem Verkehr gezogen, wer noch eine hat, verfügt sicher über ein herrliches Sammlerstück.

Nomen est omen Obwohl Karl der Große (748–814) tatsächlich fast ein Zwei-Meter-Mann gewesen sein soll, erhielt er seinen Beinahmen als Ehrung für das riesige Frankenreich, das er geschaffen hatte. Sein Sohn Ludwig der Fromme (778–840) erhielt seinen Beinamen, anders als der Papa, nicht zu

Lebzeiten, war aber in der Tat fromm. Ob Karl der Kahle (823–877) eine Glatze hatte, wissen wir nicht, sein Beiname stammt daher, dass er bei der Aufteilung des Frankenreiches erst einmal leer ausging, demgemäß landlos oder „kahl" blieb. Ähnlich steht es mit Johann Ohneland, dem englischen König John Lackland (1167–1216), dem sein Vater Heinrich II. bei der Aufteilung des Erbes im Gegensatz zum Haupterben Richard Löwenherz nur winzige Randgebiete des englischen Reiches zugestand (er ist der böse König John aus den Robin-Hood-Filmen). Den Polenherzog Boleslaw III. nannte man Schiefmund. Der dänische König Harald Blauzahn (910–987) war möglicherweise ursprünglich ein „Oberhäuptling" (groß und blau und Häuptling und Zahn klingen auf Altnordisch ähnlich) – und der etwas angenehmer klingende Harald Blond- oder Schönhaar spricht tatsächlich für sich.

Hexe

Der letzte Prozess gegen eine Hexe in Deutschland wurde im April 1775 in Kempten im Allgäu gegen Anna Schwegelin begonnen, er endete aber nicht mit einer Verurteilung (die Frau starb im Gefängnis). In der Schweiz wurde die letzte Hexe 1782 hingerichtet, Anna Göldi aus Glarus (Schweiz).

Die „schlafende Hexe" des Lattengebirges im Berchtesgadener Land ist ein Berggrat, dessen Profil dem einer liegenden alten Frau gleicht.

Hexerei-Museum Seit 1951 gibt es das Museum für Hexerei auf der Isle of Man, seit 1961 in Boscastle, Cornwall, Großbritannien. Es ist die bedeutendste Sammlung von Exponaten zum Glauben an die Hexerei seit dem Altertum.

Hieroglyphen

Die alten Ägypter benutzten Hieroglyphen nur für Inschriften auf Tempelwänden und (in abgewandelter Form) auf Papyrus, den gesamten Schriftverkehr mit dem Rest der Welt wickelten sie mit der mesopotamischen Keilschrift und in der Sprache der Akkader auf Tontäfelchen ab.

Hölle

In der Antike glaubte man, einer der Eingänge zum Hades befände sich beim Dörfchen Lidji, in Helis auf der griechischen Peloponnes.

Unser Urlaub war die Hölle! Wer an der Hölle oder am Eingang zur Hölle urlauben will, kann beispielsweise auch den Averner See bei Neapel besuchen – für die Römer ein Eingang zur Unterwelt. Für die Griechen floss der Acheron (heute Acherondas, albanisch Gurla) aus dem Hades in unsere Welt. Der 58 Kilometer lange, malerische Fluss durchströmt Epirus in Griechenland. Für den Berliner Hobbyforscher Hans Steuerwald (der Odysseus die Britischen Inseln umsegeln ließ) lag der Eingang zum Hades bei der Smoo Cave nahe Ullapool in Schottland – auch eine herrliche Urlaubsgegend.

Homöopathie

Nur ein Tropfen im Meer In der Homöopathie werden Medikamente mit sogenannten Hochpotenzen verabreicht. Die Potenz D leitet sich von dem lateinischen Wort für zehn ab, die Potenz C von dem entsprechenden Wort für hundert. In einem Heilmittel in der Potenz D30 ist also der Wirkstoff dreißigmal 1 zu 10 verdünnt worden. Wenn Sie sich das Wirkmittel als Zuckerwürfel vorstellen, entspricht das einem Würfel, der in einer Wassermenge gelöst ist, die tausend Erdkugeln entspricht. Eine Potenz C30 ist demnach dreißig Mal verdünnt, und zwar im Verhältnis 1 zu 100. Das entspricht einem Zuckerwürfel in Milliarden von Galaxien!

Hot Dog

Wieso nennt man eine Imbisswurst im Brötchen ausgerechnet Heißen Hund? Darüber gehen die Ansichten auseinander, nichts Genaues weiß niemand. Eine These geht davon aus, dass sich deutsche Metzger in den USA gern wurstförmige Hunde, die Dackel, hielten, eine andere weist darauf hin, dass es bei den deutschen Metzgern tatsächlich üblich war, Hundefleisch zu verkaufen. Andererseits war „heißer Hund" auch ein Slangausdruck für einen tollen Typen. Der erste Nachweis für die Verwendung von Hot Dog für ein Brötchen mit Wurst stammt vom 31. Dezember 1892.

Hühner

Mit den Hühnern schlafen gehen ... Für 75 Pence pro Übernachtung hat in Helston, Cornwall, ein Hühnerhotel eröffnet. Ein Chauffeurservice holt die gefiederten Übernachtungsgäste auf Wunsch beim Eigner ab. Dave Roberts *bed & breakfast* für Hühner ist die erste derartige Einrichtung in Großbritannien.

Hühnerschlingmeisterschaft Bei dem alljährlichen Chicken-Wings-Wettessen in Buffalo im amerikanischen Bundesstaat New York schlang Sonya Thomas im September 2011 in nur zwölf Minuten 183 Hühnerflügel herunter – zwei mehr als im Jahr zuvor. Sie erhielt eine Siegerprämie von 1500 Dollar, der Zweitplatzierte Joey Chestnut brachte es auf immerhin 174 Geflügelteile und einen Preis in Höhe von 750 Dollar. Bei dem Wettfressen sahen 85 000 Besucher zu.

Hund

Chaser, eine Border-Collie-Hündin aus Wofford College, Spartanburg, USA, kann auf Zuruf zwischen 1022 unterschiedlichen Spielsachen unterscheiden und sucht stets das Richtige heraus.

Hundebisse

In der Stadt New York schnappten Hunde im Jahr 1955 im Schnitt jeden Tag in 75,3 Fällen nach Menschen und bissen zu – zumindest wurden diese Bisse den Behörden angezeigt. 1956 waren es täglich durchschnittlich 73,6 gemeldete Fälle, 1957 73,5, 1958 74,5 und 1959 72,6.

Laut einer britischen Statistik von 2011 lautet die Top Vier der bissigsten Hunde, was Verletzungen von Briefträgern angeht: 1. Dackel, 2. Chihuahua, 3. Jack Russell und 4. Cocker Spaniel.

Hundekot

Paderborn ist sicher Bochum ist die Hundekot-Hauptstadt von Nordrhein-Westfalen. Eine Untersuchung der Technischen Universität Dortmund bestimmte das statistisch, indem die jeweils gemeldeten Hunde, die Zahl der Straßenkehrer und die Verteilung von Hundetüten in einer Gleichung erfasst wurden. Es lief also niemand über den Bürgersteig und zählte anschließend nach. Die geringste Gefahr, in die Hinterlassenschaft eines Vierbeiners zu treten, ergab sich beim Vergleich von 27 Städten in Paderborn.

Hyänen

Hyänen sind keine Aasfresser, die darauf warten, dass ihnen die Löwen den Tisch decken, sondern sie jagen und reißen ihre Beute selbst. Tatsächlich rauben öfter Löwen den Hyänen die Beute als umgekehrt.

Hygiene

Es ist offenbar ein Klischee, dass Männer Dreckschweine sind. Nach einer Studie eines Seifenherstellers, die 1997 in Deutschland durchgeführt wurde, waschen sich Männer nach dem Toilettenbesuch durchschnittlich 13,18 Sekunden lang die Hände mit Seife – Frauen nur 10,48 Sekunden. Frauen trocknen sich die Hände auch schneller mit Papierhandtüchern ab (8,23 Sekunden) als Männer (9,75 Sekunden).

Inka

Weil sich die Bewohner des Dorfes Chucuito am Titicaca-See darüber ärgerten, dass die Touristen ihre Gemeinde immer links liegen ließen, errichteten sie 1993 einen „echten" Inkatempel mit einer Monumentalmauer und 24 bis zu eineinhalb Meter hohen Felsphalli. Heute halten die Reisebusse am „uralten Fruchtbarkeitstempel".

Insel

Die größte Flussinsel der Welt ist mit 1000 Quadratkilometern Fläche Maraca, die von zwei Armen des Flusses Urari-Coera begrenzt ist, einem Nebenfluss des Rio Branco in Brasilien – falls man nicht die auf einer Seite vom Meer umspülte Insel Marajo in der Amazonasmündung mitrechnet. Marajo hat eine Fläche von 42 000 Quadratkilometern und ist somit größer als die Schweiz.

Die Insel Wangerooge ist in den letzten 300 Jahren durch Wind und Strömung eine ganze Insellänge, runde acht Kilometer, nach Westen verschoben worden.

Europäisches Wachstum Jedes Jahr rauben die Wogen des Meeres Europa Küste, aber es entstehen auch neue Inseln. 1954 tauchte vor der Azoreninsel Fayal neues Land aus dem Meer, am 14. November 1963 entstand dreißig Kilometer vor der isländischen Küste die Insel Surtsey. Im Februar 2000 reckte vor Sciarra im Südwesten Siziliens ein neues Eiland seinen Kopf über die Meeresoberfläche (diese Insel war bereits 1829 aufgetaucht, von den Briten besetzt und Graham Island genannt worden, versank dann aber

1831 wieder). Und selbst in Deutschland ist erst vor Kurzem eine neue Insel entstanden, eine sogenannte embryonale Barriereinsel: die Kachelotplate. Die achte Westfriesische Insel ist zweieinhalb Kilometer lang und mehr als einen Kilometer breit und sitzt seit 2003 zwischen Juist und Borkum.

Globales Wachstum Im April 2011 gaben Wissenschaftler der Universitäten Duke University und Meredith College im US-Bundesstaat North Carolina das Ergebnis einer ganz besonderen Volkszählung bekannt: Sie hatten weltweit Satellitenaufnahmen auf sogenannte Barriereinseln oder Nehrungen durchforscht und auf der ganzen Erde 657 neue Inseln entdeckt. Neu sind die Inseln aber nur in dem Sinne, dass sie bislang unbeschrieben waren. Die letzte Zählung hatte 2001 1492 Nehrungsinseln identifiziert, die präziseren Aufnahmen erlaubten die Identifikation von insgesamt 2149 – 657 mehr als zuvor.

Inseln, imaginäre

Die beiden Inseln Petermann-Land und Namen-König-Oskar-Land, die 1873 nördlich von Franz Josef Land (Semlja Franza Josefa) bei Nowaja Zemlja entdeckt wurden, stellten sich als Luftspiegelungen heraus.

Insel, schwimmende

In der Antike glaubte man, die im Ägäischen Meer zwischen Mykonos und Rinia gelegene Insel Delos schwimme auf dem Meer. Erst Poseidon verankerte sie mit vier Säulen aus Diamant auf dem Meeresboden.

Schwimmende Inseln gibt es wirklich: Im Titicacasee leben Menschen auf künstlichen Inseln aus Schilf, der schottische Loch Lomond war früher berühmt für seine aus Holz gezimmerten, treibenden Inseln. Eine natürliche schwimmende Insel formt sich alle paar Jahre auf dem See Derwent im englischen Lake District, in einem See bei Eutin bildete sich – zum zweiten Mal nach 1814 – im Januar 1853 eine dreißig Meter lange und zwei Meter hohe Schilfinsel durch einen Sturm. Erstmals wurde eine solche Schilfinsel vom mittelitalienischen See Lacus Vadimonis in Umbrien, der heute ausgetrocknet ist, durch den römischen Schriftsteller Plinius beschrieben.

Jeans

Der Stoff, aus dem man Jeans schneidert, heißt Denim, weil er ursprünglich aus dem südfranzösischen Nimes stammte („serge de Nîmes“, also Gewebe aus Nîmes, wurde dann zu Denim).

Jenseits-Klo

Die Grabpyramiden der chinesischen Kaiser der Qin-Dynastie enthielten Paläste für das Leben nach dem Tode – neben Küchen, Bädern und Ballsälen auch … Toiletten!

Jesus

Die Namen von Jesu Großeltern werden im Neuen Testament nicht genannt, der Legende nach lauteten sie Anna und Joachim. Anna, die Mutter Mariens, wird schon seit 550 verehrt, die katholische Kirche feiert das Fest der Großeltern Jesu am 26. Juli. Der Koran (Sure 66,12) nennt Imran als Vater Mariens.

Kaum einer kennt die Namen der Geschwister Jesu: Seine Brüder hießen Jakobus, Simon, Judas und Joses (Markus 6,3; Matthäus 13,55). Die Namen von Jesu Schwestern sind nicht überliefert; nur, dass er welche hatte. Manche Interpreten denken, dass eine davon Salome genannt wurde (Markus 15,40).

Mehrere Orte der Welt wetteifern bizarrerweise darum, dass bei ihnen das Grab Jesu liegt. Eines davon liegt in einem Knoblauchacker bei dem Dorf Shingō in der Präfektur Aomori im Norden der Insel Honshu. Die Tradition geht nur auf das Jahr 1935 zurück, als Kiyomaro Takeuchi antike Schriften entdeckt haben will, die vom Leben Jesu als Reisbauer berichteten: Er sei verheiratet gewesen, wurde 106 Jahre alt und war mit Yumiko verheiratet. Er hatte drei Kinder. Bekannter ist das Jesusgrab im Khanyar-Viertel Srinagars in Kaschmir, das der religiöse Leiter der Ahmadiyya-Bewegung (einer islamischen Glaubensrichtung) Mirza Ghulam Ahmad durch eine Vision fand. Sein Buch *Jesus in Indien* (1899) hat zahllose esoterische Autoren beeinflusst, wird aber von Historikern nicht anerkannt.

Nicht im Jahre Null Seit Jahrhunderten rätseln die Gelehrten über das genaue Geburtsjahr Jesu. Nach Lukas (Kapitel 1 und 2) und Matthäus (2,1) kam Jesus auf die Welt, als Herodes König von Judäa, Augustus römischer Kaiser und Publius Sulpicius Quirinius Statthalter Syriens und Judäas war – aber diese Angaben passen nicht zusammen. Herodes starb 4 v.Chr., Quirinius wurde erst 6 n.Chr. Statthalter. Wahrscheinlich ließ Lukas Jesus zu Zeiten des Augustus zur Welt kommen, weil dieser als „Friedenskaiser" bekannt war und von seinem Hofdichter Vergil als göttlicher Friedensbote gefeiert wurde. Aber es kann nur einen geben – und Lukas macht mit dieser krummen Terminangabe deutlich, wen er für den wahren Friedensfürsten hält.

Judasohr

Der Pilz Judasohr (*Auricularia auricula*) wird so genannt, weil er auf Holunderbüschen wächst und sich nach der christlichen Legende Judas an einem Holunderbusch erhängt haben soll.

Käfer

Als Oscar Scheibel in Slowenien eine neue Käferart entdeckte, benannte er sie 1937 nach dem Diktator Hitler: *Anophthalmus hitleri* bedeutet auf Deutsch: augenloser Hitler. Der Käfer ist blind, braun und lebt in Höhlen. Dennoch war die Benennung keine politische Satire, und Scheibel erhielt ein Dankesschreiben aus Berlin.

Der in den südamerikanischen Regenwäldern lebende Herkuleskäfer ist der Stärkste der Welt – bis zum 850-Fachen kann das grüne Insekt sein eigenes Gewicht stemmen. Allerdings: So einfach ist das mit der Farbe nicht. Wenn es feucht wird, ist der Käfer grün, bei Trockenheit schwarz. „Die Lichtstrahlen, die auf den Panzer auftreffen, werden in feuchter Umgebung anders reflektiert. Denn der poröse Panzer saugt Wasser aus der Luft auf und verändert dadurch die Lichtstreuung", erklärte Marie Rassart, eine Physikerin der Université Namur 2008 in der Fachzeitschrift „New Journal of Physics".

Kaffee

Weil König Gustav II. von Schweden (1771–1792) überzeugt war, dass Kaffee giftig sei, verurteilte er einen Mörder im Gefängnis dazu, jeden Tag eine Tasse Kaffee zu trinken, um ihn so hinzurichten. Ein anderer Gefangener musste gesunden Tee trinken. Zwei Ärzte überwachten das kuriose Experiment. Der König fiel einem Attentat zum Opfer, der Teetrinker starb bald darauf, und schließlich klopfte der Tod auch beim Kaffeetrinker an. Der war da bereits 83 Jahre alt.

Eine Langzeitstudie der renommierten Harvard School of Public Health in Boston unter Leitung von Lorelei Mucci kam im Mai 2011 zu dem Ergebnis, dass Männer, die täglich zwischen einer und sechs Tassen Kaffee tranken, seltener an Prostatakrebs erkranken. Untersucht wurden zwischen 1986 und 2008 47 911 Männer – wer mindestens sechs Tassen Kaffee pro Tag trank, hatte ein gegenüber den Nichttrinkern um zwanzig Prozent verringertes Krebsrisiko. Der Wohltäter ist übrigens nicht Koffein, koffeinfreier Kaffee wirkt ebenso.

Kaiser, römischer

Einen bisher unbekannten römischen Kaiser entdeckt man nicht jeden Tag. Archäologen fanden im April 2003 zahllose Römermünzen in einem Depot in Chalgrove bei Oxford. Eine einzige Münze trug das Bild des „Kaisers Domitian". Nur eine vage Anspielung in einem antiken Text bezog sich auf ihn, nun weiß man, dass es ihn wirklich gab, auch wenn er 271 n. Chr. nur weniger als ein Jahr lang herrschte.

Kalender

Die Römer kannten keine festgelegte Stunde, der Tag – ganz gleich, wie lang er war – wurde einfach von Sonnenauf- bis -untergang in zwölf gleiche Abschnitte geteilt. Im Juni dauerte eine Stunde in Rom 76 Minuten, im Dezember nur 45 Minuten.

Am 5. Oktober 1582 wurde auf der ganzen Welt kein Baby geboren und kein einziger Mensch starb. Das war auch am nächsten Tag der Fall – denn die Tage vom 5. bis zum 14. Oktober 1582 gab es nie! Durch eine von Papst initiierte Kalenderreform folgte nämlich auf den 4. Oktober 1582 der 15. Oktober 1582.

Als reformiertes Land führte England – und damit auch die heutigen USA und Kanada – den „katholischen" Julianischen Kalender erst im Jahre 1752 ein. Alle Daten vor 1752 liegen deshalb zehn Tage hinter den heutigen. Zudem lag Neujahr auf dem 24. März – auf den 24. März 1740 folgte also der 25. März 1741.

Auf den Philippinen ereignete sich am Dienstag, dem 31. Dezember 1844, nicht nur nichts, der ganze Tag fand nicht statt. Die Inselgruppe änderte Ende 1844 die Zeitzonen-Zugehörigkeit von der östlich der Datumsgrenze herrschenden zu der westlich der Datumsgrenze herrschenden Zeitzone. Damit verloren die Inseln einen Tag: Auf den 30. Dezember 1844, einen Montag, folgte der 1. Januar 1845, ein Mittwoch.

Kamele

Kamele sind in Australien nicht heimisch, trotzdem gibt es dort die größte Population der Welt an wilden Kamelen. Das erste Kamel erreichte Australien 1839 von den Kanarischen Inseln, wurde aber bald erschossen, weil es zu störrisch war. 24 weitere Kamele kamen 1860 für die Entdeckungsreise von Bourke und Wills nach Australien. Weil sich die anspruchslosen Tiere ideal für Reisen im Outback eigneten, wurden innerhalb der nächsten fünfzig Jahre zwischen 10 000 und 12 000 Dromedare aus Indien und Palästina auf den fünften Kontinent gebracht – und von ausgerissenen Tieren stammen nun die riesigen, wilden Herden der australischen Wüste ab.

Kataplexie

Kataplexie ist ein durch emotionale Erregung verursachter, kurzzeitiger Verlust des Muskeltonus – man ist gelähmt oder fällt in Ohnmacht. Dazu reicht bereits ein simpler Witz, der Patienten zum Lachen bringt.

Kaugummi

Bereits die Steinzeitmenschen Nordeuropas, die alten Ägypter und Römer kauten aus Langeweile auf Baumharzen herum, die Maya und Azteken auf Latexsaft. Den modernen Kaugummi aber erfand John Curtis Jackson. Der Amerikaner verwendete 1848 ein altes indianisches Rezept auf Fichtenharzbasis, als er – übrigens sofort erfolgreich – seine Massenproduktion begann.

Kehrseite

Der teuerste Po der Welt gehört der 39-jährigen Natalie Thomas aus Bedfordshire, England. Er ist mit 4,6 Millionen Euro gegen Verletzungen aller Art versichert. Grund: Frau Thomas ist für die Hotelkette Premier Inn als Bettentesterin unterwegs, an einem achtstündigen Arbeitstag lässt sie sich rund 177 Mal auf ein Bett plumpsen, um dessen Weichheit zu ermitteln.

Khasaren

Die mächtigsten Juden waren Türken: Den größten jüdischen Staat gab es von 740 bis etwa 1000 n. Chr., nachdem das türkische Volk der Khasaren zum Judentum übergetreten war. Ihr Staat reichte von Kiew im Norden zum Kaukasus im Süden, vom Schwarzen Meer im Westen bis zum Aralsee im Osten.

Klistierspritzen-Denkmal

Eine 1,20 Meter hohe Klistierspritze ehrt die lange Geschichte der Einläufe im südrussischen Heilbad Schelesnowodsk im Kaukasus. Im Juni 2008 errichtet, zeigt das Werk der Künstlerin Svetlana Avakina einen von drei Putten geschulterten, himmelaufwärts gerichteten Einlauf.

Koalabär

Die rund 75 Zentimeter großen Koalabären aus Australien trinken nie; ihr Blinddarm ist zweieinhalb Meter lang.

Neben dem Menschen und den großen Menschenaffen ist der australische Koalabär das einzige Säugetier mit Fingerabdrücken.

Kolosseum

Im gewaltigen römischen Amphitheater, dem Kolosseum, werden in jedem Monumentalschinken Hunderte unschuldiger Christen dahingemetzelt. Das stimmt nicht – zwar waren die Spiele im Kolosseum äußerst blutig (Tierhatzen, Gladiatorenkämpfe), aber während der Christenverfolgungen unter Nero wurden die Gläubigen zwar an vielen Stellen in Rom gefoltert und ermordet, nie aber im Kolosseum.

Kolumbus

Schon seine Zeitgenossen wussten nicht, wann und wo Christoph Kolumbus, der Entdecker Amerikas, geboren wurde. Er selbst gab 1447, 1455 und 1461 als Geburtsjahr an. Selbst sein Sohn Ferdinand Kolumbus konnte nur rätseln, woher sein Vater stammte.

Kontaktlinsen

Haftschalen als Sehhilfe sind älter, als man denkt – die ersten Kontaktlinsen wurden in den 80er Jahren des 19. Jahrhunderts unabhängig voneinander von Adolf Eugen Fick und August Müller entwickelt. Die ersten Kontaktlinsen konnten nicht länger als dreißig Minuten getragen werden, zur modernen Linsen, die länger verträglich ist, führte die Erfindung des Kunststoffs PMMA im Jahre 1936.

Koran

Adam, Abraham (Ibrahim), Isaak (Ishaq), Josef (Jusuf), Moses (Musa), Aaron (Harun), David (Daud), Salomo (Suleiman), Elias (Ilyās), Hesekiel (Dhul-Kifl), Jonas (Junus), Johannes der Täufer (Yahya) und Jesus (Isa) sind nur einige der biblischen Gestalten, die im Koran als Propheten des Islam gelten.

Neunzehn Alle – bis auf eine – Suren des Koran beginnen mit der Formel Bismillah al-Rahman al-Rahm (Im Namen

Gottes, des Gnadenvollen, des Erbarmers). Auf Arabisch sind das 19 Buchstaben. Jedes Wort dieser Einleitungsformel kommt im Koran genau so häufig vor, dass sich die Zahl der Nennungen durch 19 teilen lässt. Und in Sure 74, Vers 30 erfahren wir, dass 19 über denen stehen, die den Koran ablehnen.

Koscher

Ann und Jeff VanderMeer haben in Amerika einen *Kosher Guide to Imaginary Animals* veröffentlicht, der die Frage erörtert, ob es koscher ist, ein Einhorn oder eine Seejungfrau zu essen.

Krankheiten, blöde

siehe Cotards Syndrom; Fremdsprachen-Akzent-Syndrom; Kataplexie; Paris-Syndrom; Phobien; Prosopagnosie; Truman-Show-Störung; Turabose

Kreisverkehr

Auf der Londoner Ringautobahn M25 ereignen sich fünfzig Prozent mehr Unfälle, wenn Autos sie im Uhrzeigersinn befahren. 1987 gab es bei den Pkws, die den Ring im Uhrzeigersinn befuhren, 275 Unfälle, bei den Kraftwagen, die entgegen dem Uhrzeigersinn fuhren, aber nur 179 Unfälle. 1988 kam es 296 Mal auf den Bahnen im Uhrzeigersinn und 196 Mal auf den Bahnen gegen den Uhrzeigersinn zu Unfällen. Die Ursache des kuriosen Phänomens ist unbekannt.

Wer sich verirrt, der geht automatisch im Kreis – das haben Wissenschaftler des Tübinger Max-Planck-Instituts 2009 bewiesen. Jan Souman und Marc Ernst statteten Versuchspersonen mit einem GPS-Sender aus und brachten sie in die Rheinebene und in die Sahara. Sie sollten dort in einer möglichst geraden Linie laufen – gingen aber in mehr oder weniger großen Kreisen und kehrten stets zu ihrem Ausgangspunkt zurück.

Krieg

Der erste Einsatz von Feuerwaffen in der Weltgeschichte, von dem man weiß, war bei der Schlacht der Armee der chinesischen Song-Kaiser gegen die eindringenden Mongolen im Jahr 1259. Die Kugeln wurden aus Bambusröhren abgefeuert.

Bei der Schlacht von Towton am 29. März 1461 im englischen Bürgerkrieg zwischen Edward IV. und Heinrich VI. starben 28 000 Mann – ein Prozent der damaligen Bevölkerung Englands! Es war auch die erste Schlacht in Europa, bei der Feuerwaffen eingesetzt wurden – primitive Gewehre, die die Pferde des Gegners erschrecken sollten.

Kriminalität

Die meisten Punkte im Verkehrszentralregister-Bundesamt hatten im Jahr 2009 – gemessen je 10 000 strafmündigen Einwohnern – die Bevölkerung Nordrhein-Westfalens, gefolgt von Mecklenburg-Vorpommern. Am artigsten gebärdeten sich die Autofahrer im Saarland.

Der Staat mit der höchsten Kriminalitätsrate der Welt ist – der Vatikan. Allerdings nur, wenn man die Zahl der Delikte im Verhältnis zur Einwohnerzahl betrachtet. Auch ist Schwerkriminalität selten, weil es sich um Taschendiebstahl handelt. Auch die Aufklärungsquote ist gering: Neunzig Prozent der Diebstähle bleiben unaufgeklärt, die Täter sind meist schon über die Grenze ins Nachbarland Italien entkommen.

Seit der Ermordung des schwedischen Politikers Olof Palme am 28. Februar 1986 haben sich 130 angebliche Täter selbst der Polizei gestellt – aber eine Überprüfung ihrer Geständnisse zeigte, dass kein Einziger darunter tatsächlich der Attentäter gewesen war.

1960 stahlen Diebe in Godding, Iowa, eine zwanzig Tonnen schwere Brücke.

Da staunte die Polizei: Rose Lee Hill beschwerte sich bei den Beamten in Pensacola, Florida, weil ihr falsches Crack verkauft worden war, und wollte Anzeige erstatten. Sie wurde verhaftet. Das Crack, das sie erworben hatte, war echt.

Dennis Hope aus Rio Vista in Kalifornien erklärte sich 1997 zum „Meister des Sonnensystems" und erhob in Briefen an den Kreml, das Weiße Haus und die UN Anspruch auf alle Planeten, Satelliten und Asteroiden. Dann begann er, Grundstücke auf dem Mond, dem Mars und anderen Himmelskörpern zu verkaufen – insgesamt 10 000 Parzellen Land in wenigen Monaten für 16 Dollar pro Stück.

Geduld ist nicht immer eine Tugend. David Hindmarsh erzählte dem Kassierer einer Bank in Fort Lauderdale, Florida, er trage eine Rohrbombe bei sich, und verlangte Geld. Der Mann hinter dem Schalter bat ihn, sich – wie alle anderen auch – in die Schlange einzureihen. Hindmarsh tat es, wartete geduldig zwanzig Minuten und wurde von der Polizei verhaftet, als er die Bank verließ.

Im November 1996 schnappte sich ein Mann seine Knarre, ging in eine Burger-Bar in Ypsilanti, Michigan, USA, und verlangte das Geld in der Kasse. Der Mann hinter der Theke erklärte, er könne die Kasse nur öffnen, wenn eine Bestellung getätigt würde. Der Mann bestellte Zwiebelringe, die Bedienung erklärte, die seien ausgegangen. Der unfähige Räuber verließ entnervt die Stätte seines Überfalls – um keinen Cent reicher.

Krokodil

In vielen italienischen Kirchen findet man mumifizierte Krokodile. So etwa in der Kirche San Michele Extra in Verona oder in der Kirche Santa Maria Annunziata bei Pontenossa, nordöstlich von Bergamo. Angeblich von Rittern erschlagene Drachen, sind diese Reptilen tatsächlich meist Nilkrokodile, die im Laufe der Kreuzzüge nach Italien kamen.

Kröten

Kröten können ganz schön tief tauchen: Als im Frühjahr 2007 Forscher des renommierten Massachusetts Institute of Technology mit Sonargeräten und Tiefseekameras nach dem Ungeheuer von Loch Ness fahndeten, filmten sie in hundert Metern Tiefe vor der Burg Urquhart Castle eine gemeine Kröte (*Bufo bufo*), die dort über den schlammigen Grund des Monsterseebodens hüpfte. In hundert Metern Tiefe herrscht ein Druck von zehn Atmosphären.

Zu den exotischsten Drogen zählen die Kröten des Colorado River – die *Bufo alvarius*, so ihr wissenschaftlicher Name, sondern ein Sekret ab, das psychoaktiv wirkt und zu Halluzinationen führt. In den 1980er Jahren wurde Krötenlecken in den USA zur Mode, Albert Most hat eine „Kirche der Kröte des Lichts" gegründet, die den Krötensaft als Sakrament einsetzt.

Kryometeor

Kryometeore sind fußballgroße Eisbrocken, die aus großer Höhe fallend auf die Erde einschlagen. Man nimmt an, dass sie sich in den oberen Schichten der Atmosphäre bilden.

Kryptozoologie-Museum

Das International Cryptozoology Museum (Internationales Museum für Kryptozoologie) zeigt Bilder, Repliken, ein lebensgroßes Bigfoot-Modell sowie Gipsabdrücke von Yeti-Fußstapfen in der 11 Avon St., Portland, Maine, USA. Kurator ist der Kryptozoologe (Monsterforscher) Loren Coleman.

Küche, internationale

Die Delikatesse Bêche-de-mer ist eine getrocknete, geräucherte oder gekochte Seegurke, ein mit den Seesternen und Seeigeln verwandtes Tier, dessen Eingeweide und Außenhaut entfernt wurden.

Eine exquisite Spezialität der Aborigine-Küche Australiens sind in Asche gegarte Motten.

In Guatemala genießt man mit Schokolade übergossene Heuschrecken.

In Korea kocht und serviert man die Larven des Seidenspinners als Happen in den Straßen-Schnellimbissen.

In Mexiko kann man in gehobenen Restaurants Ameisenlarven als Vorspeise ordern (auch wenn die Delikatesse die Geldbörse belastet): Escamoles, mit Tortillas, Knoblauch und Öl serviert, gilt als „mexikanischer Kaviar".

In Peru ist Meerschweinchen das typische Weihnachts-Festessen.

Leguan gilt in Südamerika als Spezialität. Es gibt Farmen, die Leguane eigens zum Verzehr züchten.

Pfälzer Saumagen ist ein Schweinemagen als Hülle (wie eine Wurstpelle), gefüllt mit magerem Schweinefleisch, Bratwurstbrät und Kartoffeln.

Seepferdchen am Stiel sind ein beliebter Snack in Peking.

Spinnen in der Form von Milben lassen den Milbenkäse, der in Würchwitz in Sachsen-Anhalt hergestellt wird, erst so richtig reifen. Die Achtbeiner werden natürlich mitgegessen.

In einem amerikanisches Kochbuch von 1991, *Gourmet Style Road Kill Cooking and Other Fine Recipes*, zeigt Jeff Eberbaugh, welche leckeren Gerichte sich aus überfahrenen Tieren zaubern lassen.

Küche, römische

Der Bilch oder Siebenschläfer war eine gefragte Spezialität und Delikatesse der römischen Küche. Es gab sogar große Farmen, sogenannte Glirarien, in denen Bilche fabrikmäßig gezüchtet wurden, und römische Gastgeber hatten Waagen auf ihren Tafeln, um zu beweisen, dass sie ihren Gästen nur außerordentlich fette Bilche kredenzten, wie Amianus Marcellinus berichtet. Der römische Autor Apicius hat Bilchrezepte überliefert, am liebsten mochte man sie mit Honig bestrichen und mit Mohn bestreut.

Kuckuckskinder

Es ist doch nicht so schlimm! Jahrelang wurde behauptet, dass jedes zehnte Kind ein „Kuckuckskind“ sei, also nicht vom Ehegatten stamme. Eine Untersuchung von Wissenschaftlern unter der Leitung des Psychologen Michael Wolf (Universität Düsseldorf) für die Zeitschrift *Human Nature* ergab bei der Analyse von 971 Daten von Knochenmarksempfängern, dass nur jedes hundertste Kind (in Zahlen: 0,94 Prozent) untergeschoben war.

Kugelschreiber

Auf Englisch heißt ein Kugelschreiber „biro“ zu Ehren seines Erfinders, des Ungarn Jozsef Lazlo Biro (1899–1985). Er streckte schnelltrocknende Tinte in eine Mine und verkaufte die Herstellrechter für seinen Schreiber 1944 für damals zwei Millionen Dollar an eine amerikanische Firma.

Küstenseeschwalbe

Die längste Tierwanderung, die die Zoologen kennen, unternimmt die Küstenseeschwalbe. Der Vogel nistet in Mitteleuropa und in der arktischen Tundra, überwintert in der Antarktis und kehrt dann über mehr als 40 000 km in die Tundra zurück.

Labyrinth

Niemand kann sich im Labyrinth verirren Ein Labyrinth ist kein Irrgarten: Im Labyrinth führt ein einziger Weg mit vielen Windungen auf einen Mittelpunkt zu. Das uralte Symbol für das Leben befand sich im Mittelalter als Mosaik im Eingangsbereich von Kirchen. Der Irrgarten hingegen weist zahlreiche Irrwege und Sackgassen auf und ist nur eine amüsante Spielerei.

Eine Familie verirrte sich im Oktober 2011 in einem Maisirrgarten in der Nähe von Boston, USA, und rief per Handy die Polizei zur Hilfe, die sie mit einem Spürhund aus dem Irrgarten befreite.

Lebewesen, größtes

Carl von Linné hielt den Kraken (*Sepia microcosmos*) in seinem grundlegenden Werk *Systema Naturae* (1735) für das größte Tier der Welt. Er habe die Größe mehrerer Inseln, auf seinen Rücken sei schon einmal ein ganzes Regiment aufmarschiert. In der zweiten Auflage des Buchs strich er den Kraken aber wieder.

Als größtes je entdecktes Lebewesen der Erde galt ein Pilz, der in einem Wald am Mount Adams in Washington, USA, wuchert und eine Fläche von 600 Hektar bedeckt. Nach Angaben von Biologen ist das Wesen zwischen 400 und 1000 Jahren alt. Biologen stellten aufgrund von DNS-Analysen fest, dass es sich tatsächlich überall um denselben Pilz handelte.

Der Pilz in Washington war aber nur bis zum Jahr 2000 Rekordhalter. Dann kam ein Pilz, der viermal so groß war wie die Insel Helgoland. Ein Sprecher der US-Forstbehörde in Corvallis, Oregon, erklärte, der 2400 Jahre alte Pilz *Armillaria ostoyae* erstrecke sich über 8,8 Quadratkilometer unter Prairie City im Malheur National Forest. Durchschnittlich durchdringe er den Boden einen Meter. Alles, was von dem Giganten überirdisch gesehen werden kann, sind winzige goldene Pilzschirmchen. Das Exemplar ist somit nicht nur das größte, sondern auch eines der ältesten Lebewesen der Welt.

Der größte Pilz Europas lebt im Schweizer Engadin im Kanton Graubünden, er misst 250 000 Quadratmeter.

Lebewesen, höchstlebendes

Bergluft ist nicht keimfrei – bis in eine Höhe von über fünf Kilometern leben Bakterien in unserer Atmosphäre. Um sie herum bilden sich Regentropfen oder Hagelkörner. So gelangen sie zurück zum Boden, von dem sie durch Stürme wieder aufgelesen und in die Höhe getragen werden. Einige Bakterien richten ihren gesamten Lebenszyklus auf dieses Auf und Ab aus. Die indische Raumfahrtbehörde ISRO fand sogar noch in vierzig Kilometern Höhe über dem Erdboden drei neue Spezies von Bakterien.

Lebewesen, tiefstlebendes

Höllenbewohner Bei Tiefenbohrungen in Südafrika wurde über dreieinhalb Kilometer unter der Erdoberfläche eine Kolonie von mikroskopisch kleinen Würmern entdeckt – die Nematoden *Halicephalobus mephisto* leben extrem beengt unter unfassbarem Druck, bei höllisch heißen Temperaturen und gänzlich ohne Sauerstoff. Sie ernähren sich von Bakterien und finden sich paarweise zur Fortpflanzung.

Übrigens: Die Meldung der finnischen Zeitung *Ammennusatia* Ende der 1990er Jahre, russische Wissenschaftler unter Leitung von Dr. Azzacov hätten bei einer Bohrung in 14,4 Kilometern Tiefe die Hölle erreicht und aus dem Bohrloch die Schreie gemarterter Seelen vernommen, war eine Presseente.

Lemminge

Lemminge regnen nicht vom Himmel herab, wie der schwedische Erzbischof Olaus Magnus noch 1555 glaubte, sie fallen aber auch nicht von Klippen und ersaufen im Meer, wie man gemeinhin denkt. Der Mythos ist schon älter, aber zementiert hat ihn die Disney-Filmfabrik mit der „Dokumentation“ *White Wilderness*, auf Deutsch: *Abenteuer in der weißen Wildnis*. Der kanadische Journalist Brian Vallee fand 1983 heraus, dass die Disney-Leute Lemminge gekauft und nach Alberta gebracht hatten (wo es keine gibt), dann die Szenen fälschten, in denen Lemminghorden durch die Eiswüste laufen, um sie schließlich vor der Kamera zu ertränken.

Leonardo da Vinci

Eine Erfindung weniger Im Jahre 1974 verkündete der Mailänder Professor Augusto Marinoni die aufsehenerregende Entdeckung, dass das Universalgenie Leonardo da Vinci auch das Fahrrad erfunden habe. Er hatte die präzise Skizze eines Zweirads auf Dokumenten des Künstlers entdeckt, die in den 1960er und 1970er Jahren aufwändig restauriert worden waren. Der Technikhistoriker Hans-Erhard Lessing vom Mannheimer Museum für Technik und Arbeit konnte dann nachweisen, dass sich das Fahrrad 1961 noch nicht auf der Seite befunden hatte – ein gelangweilter Restaurator hatte es gefälscht.

Lexikon

Ertappt! Um zu verhindern, dass eine mühsame Arbeit plagiiert wird, enthalten viele Lexika sogenannte Nihilartikel als Plagiatsfallen. Diese völlig aus der Luft gegriffenen Einträge liefern Stadtbeschreibungen oder Biografien von Künstlern, die es in Wirklichkeit gar nicht gibt. Taucht dann ein bestimmter Künstler in einem anderen Lexikon auf, weiß der Verlag, dass man sein Urheberrecht verletzt hat. Ähnlich werden beispielsweise im *Who's Who* nicht existierende Personen (aber mit realen Adressen) verewigt, damit die Herausgeber des Nachschlagewerkes sehen können, welche Firmen ihr Buch für Werbesendungen ausschlachten.

Steinlaus sorgt für Entrüstung Das medizinische Fachwörterbuch Pschyrembel enthält einen wissenschaftlichen Eintrag zur Steinlaus – dem „possierlichen Tierchen", das ganze Hochhäuser frisst und das der Komiker Loriot erfunden hat. Als dieser Eintrag in der 257. Auflage gestrichen wurde, ging ein Aufschrei des Entsetzens durchs gebildete Publikum, die Auflage von 1997 enthielt das Stichwort wieder!

Linkshänder

„Rechtshänder leben im Durchschnitt neun Jahre länger als Linkshänder" – das liest man oft, und es stimmt … fast. Denn der ganzen Sache liegt ein Denkfehler zugrunde: Früher wurden Linkshänder zu Rechtshändern umerzogen, also gibt es unter den sehr alten Menschen – gemessen an der Verteilung in der Gesellschaft – mehr Rechtshänder als Linkshänder. Nur sind unter diesen Rechtshändern eben auch viele „natürliche" Linkshänder.

Wissenschaftler der Berliner Charité unter Stefan Gutwinski stellten 2011 im *Deutschen Ärzteblatt* fest, dass – je nach Kultur – zwischen fünf und 25,9 Prozent aller Menschen

Linkshänder sind. Es sind aber kulturunabhängig immer mehr Männer als Frauen Linkshänder.

Beim Volk der Taimyren im sibirischen Norden Russlands sind allerdings drei Viertel der Bevölkerung Linkshänder.

Linksverkehr

In Großbritannien fährt man schon seit der Römerzeit links. Das fand der Archäologe Bryn Walters bei der Untersuchung eines antiken Steinbruchs in Blunsdon Ridge bei Swindon, England, heraus. Die Steine wurden zum Bau eines Tempels benutzt, die Räder der Transportkarren hatten sich tief in den Fels eingeschnitten – auf der linken Straßenseite, wo die leeren Karren ankamen, allerdings weniger tief als auf der rechten, wo sie mit schwerer Last den Steinbruch verließen. *Geisterfahrer* Vorsicht beim Autofahren in Himalaya-Königreich Bhutan oder auf dem Südseeatoll Kiribati – in beiden Ländern herrscht, wie in rund sechzig weiteren Staaten der Erde, Linksverkehr. In Europa – außer in Großbritannien und Irland – noch in Malta, Zypern und auf den Kanalinseln. In Kanada wechselte nicht das Land als Ganzes, sondern peu à peu die einzelnen Bundesstaaten zwischen 1922 und 1947 zum Linksverkehr, in Teilen Österreichs fährt man erst seit 1921 und im gesamten Staate erst seit 1938 auf der rechten Straßenseite.

Literatur

Bestseller zahlten sich bereits in der Antike aus. Herodot erhielt von der Stadt Athen für seine *Historien* ein Honorar in Höhe von 60 000 Drachmen – damals kostete eine Villa 5000 Drachmen, zum Überleben benötigte eine Familie eine Drachme am Tag.

Das indische Nationalepos *Mahabharata* umfasst mehr als 100 000 Doppelverse und ist somit etwa viermal so lang wie die Bibel. Das Werk schildert die Geschichte zweier miteinander verfeindeten Familien.

Shakespeares Werke enthalten einen Wortschatz von rund 29 000 Wörtern aus allen Bereichen von Bildung und Wissenschaft. Die englische Version der Bibel, die King-James-Bibel, braucht nur 5000 verschiedene Wörter.

Die Insel, auf der der Romanheld Robinson Crusoe (1719) von Daniel Defoe strandete, liegt vor der Mündung des Orinoco-Stroms in Südamerika. Robinsons historisches Vorbild, der Schotte Alexander Selkirk, saß vier Jahre und vier Monate auf der Insel Mas a Tierra im Juan-Fernández-Archipel fest.

Als der irische Satiriker Jonathan Swift 1726 seine (frei erfundenen) *Gullivers Reisen* veröffentlichte, schrieb ein irische Bischof, die Erzählungen darin seien so unglaublich, dass er höchstens die Hälfte davon für wahr hielte.

Für den Erfolgsroman *Harry Potter and the Philosophers' Stone* (Deutsch: *Harry Potter und der Stein der Weisen*) erhielt die Autorin J. K. Rowling einen Vorschuss von 2500 Pfund. Das Buch startete am 30. Juni 1997 mit einer Erstauflage von 500 Stück, von denen 300 kostenfrei an Bibliotheken gingen. Auch in Deutschland war man vorsichtig: Hier ging man mit 8000 Exemplaren an den Start. Bis heute wanderten mehrere Dutzend Millionen Exemplare über die Ladentische.

Geizhals William Shakespeare (1564–1616), der als bedeutendster Dramatiker der Welt gilt, erwähnt seine Stücke in seinem Testament mit keiner Silbe. Er geht in den drei Seiten zwar ausführlich auf seine Kleider ein, die er der Schwester vererbt, eine Silberschale für seine Enkelin, ein Pfund für seinen Patensohn, ein Schwert für einer Herrn Combe sowie sein „zweitbestes“ Bett, das er seiner Frau vermacht, aber er erwähnt weder Bücher noch Manuskripte. Vermutlich schrieb der Barde seine Werke als Theaterbesitzer nur, um

Geld für einen Autoren zu sparen – sie schienen ihm nicht wirklich wichtig.

Sitzkissen unbedingt mitbringen! Das längste Theaterstück der Welt, *The Warp*, dauert – je nach Kondition der Schauspieler – zwischen 18 und 26 Stunden. Es geht um einen Hippie auf der Suche nach sich selbst, dabei kommt es zu Entführungen durch Außerirdische, Sex, Drogen, freien Sex, und es geht um Stonehenge. Eine Aufführung aus dem Jahr 1979 ist auf Videoband erhältlich. Der Autor lebt am Loch Ness.

Loch Ness

Der schottische See Loch Ness enthält aufgrund seiner Größe und großen Tiefe (bis 230 Meter) mehr Wasser als alle englischen und walisischen Seen zusammen.

Locher

Draufdrücken, knack – die Seiten sind gelocht für den Aktenordner. Erfinder des Lochers war der Sauerländer Friedrich Soennecken, gemacht wurde die Erfindung in Bonn. Soennecken erhielt für seinen „Papierlocher für Sammelmappen, Briefordner u. dergl." am 14. November 1886 vom Kaiserlichen Patentamt das Patent DRP 40065.

Lottozahlen

Nichts ist so unwahrscheinlich wie ein Lottosieg. Am 18. Juli 1977 wurden in der Bundesrepublik Deutschland exakt die gleichen Lottozahlen gezogen wie in den Niederlanden in der Woche zuvor. Es gab 205 Spielteilnehmer mit sechs Richtigen, sie erhielten jeweils einen Gewinn von 30 737,80 DM.

In Israel wurden am 16. Oktober 2010 exakt die sechs gleichen Lottozahlen gezogen worden wie im Monat zuvor. Insgesamt 95 (abergläubische?) Teilnehmer hatten dieselben

Zahlen angekreuzt, die bereits am 21. September in die Lostrommel gerollt waren – nämlich 13, 14, 26, 32, 33 und 36. Allerdings hatten nur zwei davon die korrekte Zusatzzahl 2; ihnen wurden ein Gewinn von vier Millionen Schekel (rund 800 000 Euro) ausgeschüttet. Die Chance, dass so etwas vorkommt, errechneten Statistiker mit 1 zu 4 000 000 000 000.

Luftanhalten

Der Rekord für das Anhalten von Luft unter Wasser wurde am 15. März 1959 von dem Elektriker Robert Foster aufgestellt – er blieb 13 Minuten und 42,5 Sekunden untergetaucht.

Luftballon

Der Erfinder des Kinder-Luftballons ist der berühmte Londoner Professor Michael Faraday. Auf der Suche nach einer perfekten Gummidichtung erzeugte er bei einem Experiment im Jahre 1824 den ersten Gummiluftballon.

Luftballon-Weitflugwettbewerbe sind beliebt – aber welches war die weiteste Distanz, die je ein Luftballon flog? Informationen sind schwer zu finden, niemand führt offiziell Listen. Aber bei einer Veranstaltung beim Aasener Dorffest 2010 in der Nähe von Donaueschingen wurde eine Antwortkarte aus Neuseeland zurückgeschickt! Die Jury nahm es als Scherz und verlieh den ersten Preis einem Ballon, der es immerhin bis nach Südtirol geschafft hatte. Und den ersten Preis beim Pfarrfest der Antonius-Gemeinde Wickede bei Soest ergatterte 2010 ein Luftballon, den es 730 Kilometer bis nach England verweht hatte.

Luftschiff

König Ludwig II. von Bayern, der Erbauer des Märchenschlosses Neuschwanstein, plante die Konstruktion von riesigen Luftschiffen. Er unterstützte den Erfinder Gustav

Koch, der immerhin ein funktionierendes Modell von 17 Metern Länge zeigen konnte, und beauftragte später im Sommer 1869 den Maschinenmeister Friedrich Brandt mit der Konstruktion einer Luftballon-Seilbahn, die von Schloss Hohenschwangau über den Alpsee gehen sollte.

Magier

Die drei Zauberworte Simsalabim, Abrakadabra und Hokuspokus sind fast so mysteriös wie die Zauberei an sich.

- Simsalabim leiten manchen von den Worten „bismi llahi rahmani rahim“ (im Namen Gottes, des Allbarmherzigen) ab, das Muslime vor jeder Tätigkeit rezitieren. Allerdings wurde das Wort zum ersten Mal von dem Bühnenmagier Harry August Jansen (1883–1955) benutzt, der als „Dante der Magier“ auftrat. Er selbst hatte es einem Musicalsong entnommen.
- Abrakadabra ist ebenso unklar. Es wird oft vom arabischen Zauberspruch „abreq ad habra“ hergeleitet, angeblich „Donner, der tötet“, oder vom Hebräischen „abra ke dabra“ („Ich werde erschaffen, wie ich sprechen werde“). Das Nonsens-Wort taucht jedoch bereits im zweiten nachchristlichen Jahrhundert in dem Buch *Liber Medicinalis* von Quintus Serenus Sammonicus auf, dem Hausarzt des römischen Kaisers Caracalla. Er verschreibt ein Amulett mit der Inschrift Abrakadabra bei Malaria-Erkrankungen.
- Hokuspokus ist vermutlich eine Verballhornung der dem gemeinen Gläubigen unverständlichen Worte „Hoc est enim corpus meum“ („Das ist mein Leib“) aus der katholischen Liturgie.

Der 1929 von der katholischen Kirche heiliggesprochene italienische Pater Don Bosco (eigentlich: Giovanni Melchiorre Bosco, 1815–1888) ist der offizielle Schutzheilige der Bühnenzauberkünstler.

Nur eine halbe Dame Der Zaubertrick mit der zersägten Jungfrau wurde in den 1920ern berühmt, als er aufsehenerregend von Percy Tibbles, der als P. T. Selbit auftrat, Anfang 1921 erstmals präsentiert wurde. Aber beschrieben hatte ihn bereits der Bühnenmagier Robert-Houdin (1805–1871) im 19. Jahrhundert.

Malta

Malta ist der einzige Staat in Europa mit Arabisch als Amtssprache; es wird allerdings mit lateinischen Buchstaben geschrieben. Zu den größten Städten gehören Rabat und Medina.

Mammut

Der Indische Elefant ist näher mit dem ausgestorbenen Mammuts verwandt als mit dem Afrikanischen Elefanten.

Bislang sind über 4700 tiefgefrorene Mammuts im sibirischen Permafrost entdeckt worden.

Das allerletzte Mammut starb auf der zu Russland gehörenden Wrangel-Insel vor der sibirischen Nordküste vermutlich um das Jahr 1700 v.Chr. aus – also zu einer Zeit, als Stonehenge längst errichtet war, in Ägypten große Tempel gebaut wurden und auf Kreta die Kultur der Minoer blühte. Das Wrangel-Mammut war eine Zwergform mit 1,80 Metern Schulterhöhe und einem Gewicht von zwei Tonnen.

Zwischen einem Drittel und der Hälfte des weltweit gehandelten Elfenbeins stammt von Mammuts, die tiefgefroren in Nordsibirien gefunden wurden.

Mammutbäume

Die drei höchsten Mammutbäume – und somit gleichzeitig höchsten Bäume überhaupt – der Welt stehen in Kalifornien und ragen 115,2 Meter, 114,7 Meter und 113,1 Meter über den Erdboden.

Maniok

Es ist eines der Hauptnahrungsmittel Afrikas, aber im rohen Zustand hoch giftig: Maniok. Erst eine aufwändige Zubereitung macht aus den Wurzelknollen des Maniok ein essbares Nahrungsmittel. Maniok enthält u.a. Blausäure und andere Gifte, damit diese Gase sich verflüchtigen, muss die Knolle gründlich gestampft oder gemahlen, darauf mit kochendem Wasser übergossen, fermentiert und erhitzt werden. Zwischen Ernte und Genuss vergehen durchaus mehrere Tage intensiver Behandlung, bis die Knolle überhaupt essbar ist.

Manitu

Winnetou, der tapfere Häuptling der Apachen, betete zu Manitu. Nur gab es nicht einen Manitu, sondern viele Manitus, sie waren für die Algonkin (die in den östlichen USA und Kanada lebten) die den heiligen Orten in der Landschaft innewohnenden Geister. Apachen übrigens lebten in den Wüsten an der Grenze zu Mexiko, also genau am anderen Ende der Vereinigten Staaten. Von den Manitus wussten sie nichts.

Mao Zedong

In Mao Zedongs (alte Schreibweise: Tse-tung) Geburtsstadt Shaoshan in der chinesischen Provinz Hunan schlossen die kommunistischen Behörden im September 2001 mehrere Tempel, in denen der chinesische Diktator als buddhistischer Gott verehrt wurde.

Marathon

Ein Marathonlauf erstreckt sich über eine Länge von 42 Kilometer – das stimmte (und auch nur ungefähr) bloß bis 1908.

Der Marathonlauf bei den ersten Olympischen Spielen 1896 in Athen ging über 40 Kilometer. Bei den Sommerspielen 1908 in London wollte man das Olympiastadium als Ausgangs- und den Windsorpalast als Endpunkt. Die Entfernung zwischen beiden betrug aber mehr als 40, sogar mehr als 42 Kilometer. Schließlich sollten die Sportler auch noch an der Tribüne von König Edward VII. vorbeilaufen. Das machte insgesamt 42,192 Kilometer, und über diese Distanz geht der Marathonlauf bis heute.

Sport ist Mord Immer wieder kommt es zu Todesfällen bei Marathonläufen. Genaue Statistiken gibt es nicht, aber allein bis Juli 2007 gab es acht Tote bei Laufveranstaltungen in Deutschland; im gesamten Jahr 2009 kamen insgesamt neun Menschen bei Großläufen ums Leben.

Maria Laxara

Die Insel Maria Laxara war seit etwa 1730 – und noch bis 1993 – auf Karten des Pazifiks zwischen Kalifornien und Hawaii eingetragen. Dann stellte sich endgültig heraus, dass es sie nicht gibt und auch nie gab. 1994 tilgte das US-Verteidigungsministerium das Phantom-Eiland aus den offiziellen Atlanten.

Marienkäferschaufler

Dem Beruf des Marienkäferschauflers war kein anhaltender Erfolg bestimmt. Am 13. August 1869 kam eine mehrere Millionen Tiere starke Wolke aus gelben Marienkäfern über den Ärmelkanal und ließ sich zentimeterdick in den gesamten Stadt Ramsgate nieder – und deren Bürgermeister stellte „Marienkäferschaufler“ ein.

Mars

Sämtliches Marsgestein, das wir besitzen, stammt aus der Antarktis. Meteoritenaufpralle auf dem Mars haben Gestein unseres Schwesterplaneten ins All geschleudert, von dort ist es auf die Erde gefallen. Von 20 000 entdeckten Meteoriten stammen nur 18 vom Mars – die aber praktisch alle aus der Antarktis.

Während die NASA noch knobelte, wie man einen bemannten Marsflug starten könnte, war Arthur Henry Matthews aus Quebec, Kanada – nach eigenen Angaben – schon 1941 an Bord einer fliegenden Untertasse dort. Er meinte, auf dem Mars sehe es aus „wie in den Dörfern im Osten der USA".

Maße

Auf nichts ist mehr Verlass … Ein alter Messfehler hat dazu geführt, dass das Internationale Komitee für Gewichte und Maße 1990 feststellen musste, dass Wasser nicht erst bei 100° Celsius kocht, sondern bereits bei 99,97° Celsius.

Massenpanik

Als der junge Orson Welles an Halloween, dem 30. Oktober 1938, sein Hörspiel nach H.G. Wells' Roman *War of the Worlds* ausstrahlte, kam es zu Massenpaniken – Menschen verließen schreien die Häuser und zitterten vorm Weltuntergang. Nur: Das stimmt nicht. Im Sender CBS riefen nur wenige Menschen an, niemand lief ängstlich umher und raufte sich die Haare. Die angebliche Hysterie hat vermutlich Orson Welles gleich miterfunden, um bekannt zu werden. Das haben mehrere umfangreiche Studien, zuerst von Hadley Cantril 1940, eindeutig belegt.

Mathematik

Der altägyptische Papyrus Rhind aus dem 16. Jahrhundert v. Chr. ist das erste Mathematikbuch der Welt und prahlt in seiner Einleitung, es enthalte „die vollkommene Kenntnis aller Dinge, die Erklärung für alles, was es gibt, die Offenbarung aller Geheimnisse".

Mayday

Hexenkessel Obwohl das Meer bei einem Sturm einen gewaltigen Hexentanz mit den Schiffen aufführt, stammt der Hilferuf „Mayday" nicht vom Englischen „Mai-Tag", sondern vom Französischen „venez m'aidez": „Kommen Sie mir zu Hilfe!"

Medien

Die amerikanische *Weekly World News* ist die einzige Zeitung der Welt, die ausschließlich frei erfundene Nachrichten druckt.

Meerschweinchen

Die ausgestorbene Meerschweinchenart *Jesephoartigisia monesi* aus Südamerika erreichte die Größe eines Büffels und wog eine Tonne.

Meerschweinchenbraten ist ein traditionelles südamerikanisches Festessen.

Meister, alte

Die alten Meister wie Leonardo da Vinci, Raffael oder Michelangelo malten ihre Bilder nicht selbst: Sie hatten ein umfangreiches Heer an Schülern, die die Landschaften, Architektur und Kleidung der porträtierten Personen malten – nur die wichtigsten Stellen wie zum Beispiel das Gesicht stammten von dem jeweils berühmten Künstler.

Mengenlehre

Der deutsche Mathematiker Georg Cantor (*1845), Schöpfer der Mengenlehre, glaubte, seine Berechnungen würden ihm von Gott diktiert. Er starb 1918 in einem Irrenhaus.

Meteor

1880 schrieb Dr. Otto Hahn das Buch *Die Meteorite und ihre Organismen*, in dem er Korallen und Muscheln beschrieb, die er in Meteoriten entdeckt haben wollte.

Meteoriten

Ein Meteor ist ein außerirdischer Steinbrocken, der in der Atmosphäre verglüht. Geschieht das nicht und er trifft auf den Erdboden, nennt man ihn Meteorit.

Noch Anfang des 19. Jahrhunderts erklärte Antoine Lavoisier, der Vater der modernen Chemie, als ihm von einem Meteoritenfall berichtet wurde: „Steine fallen nicht vom Himmel, weil es im Himmel keine Steine gibt!" Die wissenschaftlich weltweit führende Pariser Académie erklärte, Meteoriten seien nichts als Aberglauben – und die Museen in ganz Europa warfen die in ihnen gesammelten Meteoriten in den Mülleimer.

Erst 1803 wurde auch von Gelehrten akzeptiert, dass es Meteoriten gibt.

Dem Mond am ähnlichsten ist Deutschland im Gebiet zwischen Schwäbischer und Fränkischer Alb. Nicht, weil da nichts los ist, sondern weil dort zwei der größten Meteoritenkrater der Welt liegen: das Nördlinger Ries und das Steinheimer Becken. Beide entstanden vor etwa 15 Millionen Jahren. Das Nördlinger Ries, der größere Krater, misst rund 25 Kilometer im Durchmesser, das 30 Kilometer entfernte Steinheimer Becken etwa drei Kilometer.

Mitte der Welt

Die Mitte der Welt befindet sich rund dreißig Kilometer nordöstlich von Quito, der Hauptstadt Ecuadors in Südamerika. Die französischen Ingenieure Charles Marie de la Condamine und Pierre Bougner vermaßen hier 1725 präzise die

Lage des Äquators, heute schmückt ein monumentales Denkmal mit Statuenalleen diesen Ort.

Mittelmeer

Vor sieben Millionen Jahre konnte man – wenn man denn genug Trinkwasser mit sich führte – von Nizza nach Algier laufen. Damals war das Mittelmeer komplett ausgetrocknet, weil eine Eiszeit den Weltmeeresspiegel um fünfzig Meter sinken ließ und Afrika bei Gibraltar auf Spanien geprallt war und das Meer vom Weltmeer abschottete. Durch das Austrocknen entstanden riesige Salzschichten, die noch heute auf dem Grund des Mittelmeers liegen.

Mittelpunkt

- Der Mittelpunkt Deutschlands liegt in der Gemeinde Niederdorla im Unstrut-Hainich-Kreis in Thüringen. Ein Mittelpunktstein steht an dem Ort.
- Der Mittelpunkt Berlins liegt in der Alexandrinenstraße 12–14. Eine Bodenplatte markiert die Stelle.
- Der Mittelpunkt Englands befindet sich im Dorf Meriden in der Grafschaf Warwickshire. Ein Hochkreuz markiert den Ort.
- Der Mittelpunkt der Vereinigten Staaten von Amerika lag bis 1959 beim Ort Lebanon in Kansas. 1959 wurden die Staaten Alaska und Hawaii in die Union aufgenommen, seitdem liegt der Mittelpunkt der USA elf Meilen westlich von Castle Rock, South Dakota.
- Im Mittelalter lag der Mittelpunkt der Welt in Jerusalem.

Molch

Der Feuersalamander heißt so, weil die Menschen im Mittelalter dachten, er lebe im Feuer (und trage Wolle aus Asbest).

Mensch oder Molch? 1726 wurde in tertiären Steinbrüchen bei Öhningen eine Steinplatte mit Fossil gefunden. Der Schweizer Naturforscher Johann Jakob Scheuchzer (1672–1733) publizierte den Fund als *Homo diluvii testis*, als Mensch, der die Sintflut bezeugt. Der französische Paläontologe Georges Cuvier identifizierte das Skelett als das eines Riesensalamanders.

Monarchie

Elizabeth II., die Königin des Vereinten Königreichs, stammt in direkter Linie – über die Ehen der arabischen Könige Andalusiens mit dem Hause Kastilien und Portugal und danach über eine Ehe König Edwards IV. – von Muhammad, dem Propheten des Islam, ab.

Mond

Der Mond entfernt sich jedes Jahr um 3,78 cm von der Erde. 1821 entdeckte der renommierte deutsche Astronom Franz von Paula Gruithuisen (1774–1852) durch sein Fernrohr auf dem Mond Städte, Tierherden und sogar Fernstraßen: In seinem Aufsatz von 1824 *Entdeckung vieler deutlicher Spuren der Mondbewohner* widmete er sich insbesondere eines „kolossalen Kunstgebäudes derselben". 1826 bestätigte er seine Entdeckung – er hatte festgestellt, dass an der Stadt weitergebaut worden war.

Im Februar 1955 erhielt der Astronom Clyde Tombaugh, der Entdecker des „Planeten" Pluto, den offiziellen Auftrag, nach weiteren Monden der Erde zu suchen. Man fürchtete, winzige, bisher unbekannte Monde könnten der – damals noch geplanten – Raumfahrt gefährlich werden.

Der erste Mann auf dem Mond war – nach eigenen Angaben – nicht Neil Armstrong, sondern ein gewisser Howard Menger aus New Jersey, den im September 1956 eine fliegende Untertasse zu unserem Satelliten mitnahm. Menger brachte als Beweis seiner Reise „Mondkartoffeln" mit zurück.

Monde

Jupiter ist nicht nur der größte Planet des Sonnensystems – er hat auch die meisten Monde, nämlich 63. Auf Platz zwei folgt Saturn mit 62, auf Platz drei Uranus mit 27, auf vier Neptun mit 13 Monden. Nur Merkur und Venus haben keinen Mond, die Erde steht mit einem Mond noch hinter dem Mars, der zwei Monde hat, und weit abgeschlagen vom Kleinplaneten Pluto, der immerhin vier Monde aufweist.

Die 15 bzw. 26 Kilometer langen, kartoffelförmigen winzigen Marsmonde wurden erst 1877 von dem amerikanischen Astronomen Asaph Hall (1829–1907) entdeckt, aber bereits 1726 von Jonathan Swift in seinem Roman *Gullivers Reisen* präzise beschrieben.

Monopoly

Monopoly war zuerst sozialistische Propaganda: Das Spiel wurde 1903 von der Polit-Aktivistin Lizzie Magie erfunden, um die Verderbtheit von Vermietern zu belegen. Sie patentierte es 1904, es verbreitete sich schnell in sozialistischen Kreisen und wurde in vielerlei Varianten kopiert. Auch Charles B. Darrow wandelte ihr Spiel 1935 leicht ab, verkaufte es an einen Spielzeuggiganten – und aus der kommunistischen Propaganda wurde das ultimative Kapitalismus-Spiel.

Monroe, Marilyn

Drei Röntgenaufnahmen von Marilyn Monroe, die 1954 aufgenommen worden waren, wurden bei einer Auktion in Las

Vegas am 26. Juni 2010 für 45 000 US-Dollar verkauft. Nicht jeder, so scheint es, beurteilt den Wert dieser Frau nach der äußeren Erscheinung.

Moral

Im Januar 2007 verboten die kommunistischen Behörden dem Lokal „Der Frosch hat eine Geliebte“ in Shanghai den Namen, weil er, so die Begründung, „die öffentliche Moral gefährde“.

Mord

In England und Wales wies die Verbrechensstatistik für das Jahrzehnt von 1920 bis 1929 3,84 Morde pro einer Million Einwohner aus, von 1930 bis 1939 3,27 Morde, 1940 bis 1949 3,92 auf eine Million, 1950 bis 1959 3,3 und 1960 bis 1969 3,5 Morde je eine Million Briten. Die Menschen werden also nicht besser und nicht schlechter – sie morden jedes Jahrzehnt bis fast auf die Kommastelle genau gleich häufig.

Mormonen

Die Kirche Jesu Christi der Heiligen der Letzten Tage (Mormonen) ist die jüngste und am schnellsten wachsende der großen Weltreligionen. Die Kirche gehört nicht der Gemeinschaft der christlichen Religionen an.

Nach drei göttlichen Offenbarungen zwischen 1834 und 1842 führten die Mormonen 1852 die Vielweiberei ein, 1890 wurde sie von der Kirchenführung wieder untersagt.

Motte

Wenn Archäologen von einer Motte sprechen, meinen sie nicht das Flattertier, sondern einen bestimmten Typus der Turmburg aus dem frühen Mittelalter.

Mozart, Wolfgang Amadeus

Wolfgang Amadeus Mozart schrieb 1782 den sechsstimmigen Kanon „Leck mich im Arsch".

Im niederösterreichischen Raschala bei Hollabrunn erinnert ein Denkmal, der Pinkelstein, an den Ort, an dem Wolfgang Amadeus Mozart einmal auf der Fahrt nach Prag eine Pause einlegte, um zu pinkeln.

Mumifizierung

Die Mumifizierung eines Pharos in Ägypten dauerte mindestens siebzig Tage.

Murmeltier-Tag

Den Groundhog Day und das Dorf Punxsutawney aus dem Film „Und täglich grüßt das Murmeltier" gibt es tatsächlich. Punxsutawney liegt in Pennsylvania, den Tag feiert man jedes Jahr am 2. Februar, und zwar in vielen Orten der USA und in Kanada. Phil, das „Murmeltier", ist ein amerikanisches Waldmurmeltier (*Marmota monax*).

Museum

siehe Bananen; Bigfoot; Bleistiftspitzer; Curry; Presley, Elvis; Exkremente; Kryptozoologie; Nachttöpfe, Nessie; Penisse; Sardinen; Spielkarten; UFOs; Ziegel

Musik

Als traurigstes Lied der Welt gilt „Gloomy Sunday" des ungarischen Komponisten Rezső Seress von 1933 (Originaltitel: Vége a világnak, Das Ende der Welt). In den 1930ern inspirierte das Lied der Legende nach Tausende von Selbstmorden, Seress selbst brachte sich 1968 um.

Beruhigt Musik die Nerven? Harvey Bird und Gervasia M. Schreckenberg von der Fairleigh Dickinsin University in

New Jersey untersuchten das mit Mäusen. Zwölf der Nager genossen Stille, zwölf weiteren wurde acht Wochen lang klassische Musik vorgespielt, zwölf Mäuse mussten sich acht Wochen lang Voodoo-Getrommel anhören. Fazit: Die zwölf mit Voodoo behexten kleinen grauen Nager lernten langsamer, waren aggressiver und tapsten weniger zielorientiert durch ein Labyrinth.

Muskel

Welches der stärkste Muskel des Menschen sei, darüber gehen die Meinungen auseinander. Der stärkste Muskel im menschlichen Körper – relativ zu seiner Größe – sei die Zunge, heißt es (zudem ist sie der einzige Muskel, der nur an einem Ende angewachsen ist). Andererseits machen sich auch Stimmen für den Kauapparat stark – die Kaumuskeln (*Musculus masseter*) erzeugen eine maximale Beißkraft von etwa 70 Kilogramm.

Nachbarn, gute

Wie viele Nachbarschaftsstreitigkeiten jedes Jahr in Deutschland vor Gericht landen, davon berichtet keine offizielle Statistik. 1994 sollen es zwischen 400 000 und 500 000 gewesen sein. Allerdings sagt eine neue repräsentative Umfrage der GfK Marktforschung vom Mai 2011, dass der Hauptgrund für Zoff unter Nachbarn Lärm ist – er ist die Ursache bei jedem siebten Fall.

Nachrichten, ödeste

Am Karfreitag 1930 ereignete sich auf der Welt nichts, das der britische Sender BBC für bemerkenswert hielt. Statt Neues aus aller Welt hörten die Menschen vor dem Radio nur den kurzen Satz „There is no news tonight“ – „Heute gibt es keine Nachrichten“.

Nachttöpfe-Museum

Das Nachttopf-Museum in der Stadt Ciudad Rodrigo stellt 1322 Nachttöpfe aus 22 Ländern aus (1500 weitere stapeln sich noch im Lager).

Namen

Im Englischen und im Amerikanischen sind Tiffany, Evelyn und Hilary sowohl ein Männer- wie auch ein Frauenname.

In Japan wird bei Namen zuerst der Familienname, dann der Nachname genannt. Mazda Kawaji und Suzuki Kawaji sind also nicht verwandt, sondern haben nur denselben Vornamen. Dasselbe System gilt auch in Korea und China.

Nasenbohren

Ja, klar, Nasenbohren ist eklig. Aber bei einer US-Studie von 1995 gaben 91 Prozent aller befragten Erwachsenen zu, dass sie regelmäßig im Fahrstuhl den Finger in die Nase nehmen, 75 Prozent waren überzeugt, dass das ja eigentlich jeder mache (offenbar schämte sich der Rest). Wie heißt es bei Steven Spielberg: Wir sind nicht allein. Übrigens: Wer die gefunden Schätze dann noch schluckt, betreibt Mukophagie.

Nationalflagge

Die Nationalflagge von Bhutan zeigt einen Drachen, die von Peru ein Lama, die von Fidschi eine Bananenstaude und die von Moldawien einen Rinderschädel. Die Flaggen von Liberia und Malaysia ähneln der Flagge der Vereinigten Staaten, haben jedoch nur sechs (Liberia) oder sieben (Malaysia) rote Streifen. Liberia hat nur einen Stern im blauen Feld, Malaysia die Sonne und eine Mondsichel.

Nero

Der römische Kaiser Nero, sonst der Ermordung seiner Familie oder der Hinrichtung von Tausenden von Christen nicht abhold, verabscheute aufgrund seiner griechischen Künstlernatur die Gladiatorenspiele als barbarisch. Er verfügte, dass Gladiatorenspiele von nun an unblutig zu verlaufen hätten. Die Römer hassten ihn dafür, dass jetzt niemand mehr vor ihren Augen aufgeschlitzt wurde.

Als der römische Kaiser Nero seinen Gespielen Sporus entmannte und ihn dann mit rotem Brautschleier in einer feierlichen Heiratszeremonie zu seiner Gemahlin nahm, spotteten die gebildeten Römer: „Es wäre ein Glück für die Menschheit gewesen, wenn sein Vater Domitius eine solche Gemahlin gehabt hätte!" (Sueton, Nero 28)

Spielte der römische Kaiser Nero auf seiner Leier, während Rom im Jahre 64 im Feuer versank? Das tat nur Peter Ustinov. Der echte Nero weilte auf seinem Landsitz bei Antium, als das Feuer über Rom herfiel, und seine Feuerwehrleute legten Gegenfeuer, um die Brände einzudämmen. Nur so entstand das Gerücht, Nero sei der Brandstifter gewesen. (Tacitius, Annalen, 15. Buch, 39)

Nessie-Museum

In Drumnadrochit am Nordufer des Loch Ness findet man das Loch Ness Exhibition Centre, ein Multimediaspektakel, das dem See und seinem Ungeheuer gewidmet ist. Unter der virtuellen Führung des Zoologen Adrian Shine erkundet der Besucher für 6,50 Pfund Eintritt die Tiefen des Sees, verfolgt die Geschichte der Jagd auf das Monster und erhält mögliche Deutungen der Beobachtungen.

New York

Der Name der Hauptinsel New Yorks, Manhattan (ursprünglich: Manna-hata, es sind aber auch die Schreibweisen Manados, Manahata, Manahtoes, Manhattos überliefert), stammt aus dem Lenape, einer Algonkin-Sprache, und heißt auf Deutsch „hügeliges Land“.

Die Geschichte, dass die Holländer das Gebiet der Insel Manhattan von den Indianern für eine Truhe Glasperlen abkauften, hat sich nie ereignet. Erfunden hat die Mähr die Autorin Martha Lamb, sie taucht erstmals 1877 in deren Buch *History of the City of New York* auf.

Niagara-Fälle

Die Niagara-Fälle fressen sich jedes Jahr im Schnitt eineinhalb Meter rückwärts in den Fels

Schon immer hat es Menschen gelockt, diese gewaltigen Wasserfälle zwischen Kanada und den USA in ungewöhnlichen Gerätschaften zu „befahren“. Erstmals geschah das 1829, aber der erste Mensch, der sich in einem Holzfass die Fälle hinabstürzte und überlebte, war am 24. Oktober 1901 die damals 63 Jahre alte Tanzlehrerin Mrs. Annie Edson Taylor. Seit 1901 wagten 14 Menschen den Stunt, davon überlebten nur zehn. Weil fast jeder zweite Versuch tödlich endet, ist diese Mutprobe mittlerweile verboten; wer es dennoch wagt (und überlebt), hat eine hohe Gefängnisstrafe zu erwarten.

Dumm gelaufen Bobby Leach bezwang 1919 in einem Holzfass den Niagarafall und blieb unverletzt. 16 Jahre später erlag er den Verletzungen, die er sich am 29. April 1927 in Christchurch, Neuseeland, zuzog, als er auf einer Bananenschale ausrutschte.

Niesen
Es ist tatsächlich unmöglich, mit offenen Augen zu niesen. Das Schließen der Augen ist ein Bestandteil des Niesreflexes und eine Körperfunktion, die ganz automatisch einsetzt. Vermutlich soll das Zuklappen die Augen beim laustarken Nasentröten schützen.

Nordpol
Im Gegensatz zum geographischen Nordpol verändert der magnetische Nordpol (auf den die Kompassnadel zeigt) seine Lage ständig. Zurzeit wandert er im Jahr rund sechzig Kilometer nordwestwärts. Um 1960 befand er sich auf Somerset Island, 1980 auf den Queen Elizabeth Islands, im Jahr 2000 auf dem offenen Meer. 2001 befand er sich nach dem Kanadischen Geologischen Dienst auf 81,3°N 110,8°W bei Ellesmere Island, 2005 auf 82,7°N 114,4°W. Früher mit vierzig Kilometer im Jahr unterwegs, beschleunigte er seine Reise Ende der 2000er auf 55 bis 60 Jahreskilometer.

Notfall-BH
Der Notfall-BH ist eine Erfindung der amerikanischen Ärztin Elena Bodnar. Der von ihr entwickelte „Emergency Bra“ kann im Fall eines Terrorangriffs ausgezogen und in zwei Atemschutzmasken zerlegt werden. Er ist erotisch rot und kostet im Internetversand 29,99 Dollar. „Es ist wirklich wunderbar, dass eine Frau über zwei Brüste verfügt“, erklärte die Medizinerin. „Damit kann sie nicht nur ihr eigenes, sondern auch das Leben eines Mannes ihrer Wahl retten.“

Oktopus
Ein Oktopus (wörtlich: acht Beine) mit neun Armen wurde Ende April 1987 vor der Insel Zakynthos, Griechenland, gefangen.

Omen

Im August 2006 wurde auf einer Farm bei Janesville im amerikanischen Bundesstaat Wisconsin ein weißes Büffelkalb geboren – für viele amerikanischen Nationen ein Vorzeichen des göttlichen Friedens. Am 26. November traf während eines Gewitters ein Blitz das Tier und es starb.

Opossum

Weglaufen oder sich wehren sind bei einem Überfall nicht die einzigen Alternativen: Die bis zum fünfzig Zentimeter langen Beuteltiere, die großen Ratten mit weißen Gesichtern ähneln, stellen sich einfach tot, wenn sie von Kojoten, Füchsen, Eulen oder Greifvögeln attackiert werden. Ihre Angreifer halten sie für Aas und ziehen ab.

Orange

In Europa trägt die Frucht einen orientalischen, im Orient einen europäischen Namen. Das Wort Orange für die leckere Südfrucht ist über viele Stationen zu uns gelangt, sein Ursprung liegt im Persischen. Dort heißt „nārendsch" wörtlich „von Elefanten bevorzugt", was zeigt, dass auch Dickhäuter Leckermäulchen sind. Während unsere Worte für Orange über die Araber aus dem Orient nach Europa kamen, nennen die Araber die Frucht heute nach ihrer einstigen Herkunft im islamischen Iberien „burtuqāl" („aus Portugal").

Orden

In Baden-Württemberg wird der Froschkuddelorden an Prominente verliehen, die „25 Jahre lang Kuddeln gegessen" haben.

Orden für Tiere

In Großbritannien verleiht das Militär seit 1943 (und nach einer Unterbrechung erneut ab dem Jahr 2000) besonders tapferen Tieren einen Orden, die Dickin Medal. Von 1943 bis 1949 erhielten 32 Brieftauben, 18 Hunde, drei Pferde und eine Katze die Medaille, von 2000 bis heute wurden neun Hunde so geehrt.

Orientierung

Ursprünglich lag bei jeder Kirche der Eingang im Westen und der Chor mit dem Altar im Osten, in Richtung Jerusalem. Jede Kirche war also nach Osten, nach dem Orient hin, ausgerichtet oder orientiert. Erst später wurde das Wort verwendet, um eine allgemeine Richtungssuche anzuzeigen.

Orte

Elend (429 Einwohner) und Sorge (115 Einwohner) liegen im Landkreis Harz im Bundesland Sachsen-Anhalt.

Unterkaka ist, wie Oberkaka, ein Ortsteil der Gemeinde Meineweh in Sachsen-Anhalt

Die Isle of Man, im Irischen Meer zwischen Großbritannien und Irland gelegen, gehört weder zu dem einen noch zu dem anderen Staat, ist aber auch kein unabhängiger Staat und auch nicht Mitglied der Europäischen Union. Als „autonomer Kronbesitz" ist die Insel direkt der britischen Krone unterstellt, gehört aber nicht zum Vereinigten Königreich. Denselben Status haben die vier Kanalinseln vor der Küste der Normandie – sie gehören nicht zu Großbritannien, sondern sind Besitz der Krone.

Den längsten europäischen Ortsnamen gibt es in Wales in Großbritannien. Dort zeigt ein meterlanges Bahnhofsschild an, dass sich der Reisende in Llanfairpwllgwyngyllgogerychwyrndrobwllllantysiliogogogoch befindet. Übersetzt bedeutet das „Die Kirche der heiligen Maria in dem Tale der weißen Haselnüsse in der Nähe des rasenden Stromwirbels und die Kirche des heiligen Tysilio an der roten Höhle". Im Alltag wird das Ortsnamenungetüm verkürzt Llanfair P.G. geschrieben.

Der Lake Chaubunagungamaug liegt bei Webster in Massachusetts, USA, in der Nähe zur Grenze zu Connecticut. Der Name entstammt der Sprache Nipmuc (aus der Sprachfamilie Algonkin) und heißt übersetzt „Ort zum Fischen an der Grenze – neutraler Treffpunkt". Ein alternativer Name lautet Lake Chargoggagoggmanchauggagoggchaubunagungamaugg – die 45 Buchstaben gelten als längster Ortsname in den USA. Die Einwohner sind praktisch veranlagt und nehmen gewöhnlich die Bezeichnung, die die einfallslosen Bleichgesichter dem See gegeben haben: Webster Lake.

Die gelbe Familie Simpson lebt in Springfield, weil dies der in Amerika am häufigsten vorkommende Ortsname ist.

Chattanooga, die viertgrößte Stadt in Tennessee, ist eine der wenigen von Indianern stammenden Großstädte der USA. Sie wurde 1816 von Guwisguwi, dem Häuptling der Cherokee, als Ross Landing gegründet – Guwisguwis englischer Name war John Ross. 1838 vertrieben die weißen Amerikaner die Cherokee gewaltsam aus Tennessee und nannten Ross Landing um – in Chattanooga, nach einem indianischen Wort eines Berges in der Nähe!

Der Geschäftssitz der Longaberga Company in Newark, Ohio, ist ein sieben Stockwerke hoher, knallgelber Einkaufskorb – das erfolgreichste Produkt des Unternehmens stand Pate bei der Errichtung des Gebäudes.

Mitten im Nirgendwo an der Route 93 in Arizona stand der Vier-Seelen-Weiler Nothing (Nichts), bis ein Feuer ihn im Juli 1988 völlig zerstörte. Nun befindet sich am Ort, der einmal Nichts war – nichts mehr.

Die neuseeländische Stadt Dunedin hat den gleichen Namen wie die schottische Hauptstadt Edinburgh, nur ins Gälische übersetzt.

St. Petersburg hieß früher Leningrad (und noch früher St. Petersburg), Chemitz hieß früher Karl-Marx-Stadt – und das frühere Benares heißt heute Varanasi und Kalkutta Kolkata.

Rhodos – Rhodesien – Rhode Island Der Name der griechischen Ägäisinsel Rhodos stammt von Phönizischen Wort *erod*, die Schlange. Rhodesien (das heutige Simbabwe) wurde nach dem englischen Kolonialisten Cecil John Rhodes (1853–1929) benannt, der Neuenglandstaat Rhode Island schließlich verdankt seinen Namen seinem Entdecker, dem holländischen Forscher Adriaen Block. Er nannte das Ufer aufgrund seiner roten Böden „Rhode Eylandt" (rote Insel), daraus machten die Engländer Rhode Island.

Ortsnamen

Welches sind die lustigsten deutschsprachigen Ortsnamen? Darmstadt oder Pforzheim? Sicher in Betracht kommen auch Alf an der Mosel, die alte Grafschaft Katzenellenbogen zwischen Main, Rhein und Wetterau, oder Linsengericht in Hessen. Für die Amerikaner aber ist es eine ausgemachte Sache, dass es nur das Neunzig-Einwohner-Dörfchen Fucking in Oberösterreich sein kann. Die Gemeinde musste ihre Ortschilder einbetonieren, weil sie immer wieder gestohlen wurden.

Einige weitere Beispiele für Körper(funktionen) sind Kotzen (im Havelland), Warzen (ein Ortsteil von Alfeld in Niedersachsen), Ekel (so heißt die Innenstadt von Norden, Niedersachsen); für Langeweile Einöd (das gibt es rund zwanzigmal in Deutschland und Österreich), Oedeme (Stadtteil von Lüneburg), Oberhäslich (ein Ortsteil sächsischen Stadt Dippoldiswalde) und für einfach nur lustige Lokalitäten: Deppendorf, Tittenkofen in Bayern, Tuntenhausen (Landkreis Rosenheim), Wixhausen, Ehrenzipfel im sächsischen Erzgebirgskreis, Witzighausen, Rammelburg, Sommerloch (bei Bad Kreuznach) und Gschieß im Bayrischen Wald.

Für Amerikaner ebenfalls besonders spannend: Bitsch im Kanton Wallis, Schweiz.

Nicht zu vergessen unser Nachbar Frankreich: Da gibt es gleich zweimal eine Stadt namens Condom, nämlich Condom-en-Armagnac im Department Gers am Fuße der Pyrenäen und Condom-d'Aubrac im Department Aveyron.

Ostsee

Von allen Meeren hat die Ostsee den geringsten Salzgehalt, der zudem noch nach Osten hin abnimmt. In die Ostsee strömt Salzwasser aus der Nordsee (Salzgehalt 3,5 Prozent), der dann von den vielen in dieses Meer mündenden Flüssen verdünnt wird. Beträgt der Salzgehalt vor Schleswig-Holstein noch 1,8–1,5 Prozent, misst man im Bottnischen Meerbusen zwischen Schweden und Finnland nur noch 0,5–0,3 Prozent.

Ötzi

Die Gletscherleiche vom Similaun trug Schuhgröße 38.

Ozeanriesen

Der Name verriet es Bei den alten Transatlantik-Linern konnte man schon am Namen sehen, zu welcher Reederei das Schiff gehörte. Dampfer der White Star Line endeten auf -ic (etwa die Olympic, die Adriatic oder die auf tragische Weise gesunkene Titanic), Schiffe der Cunard Line endeten mit -ia (die Lusitania, Carpathia oder Mauretania).

Eisenmonster Die „Great Eastern" war bei ihrem Stapellauf am 31. Januar 1858 das größte Schiff der Welt – fünfmal so groß wie das zweitgrößte Schiff, das es damals gab. Die

„Great Eastern“ maß von Bug bis Heck 693 Fuß (rund 207 Meter), war 120 Fuß (etwa 36 Meter) breit und 58 Fuß (18 Meter) hoch. Ihre Außenhaut bestand aus 30000 Stahlplatten, die mit drei Millionen Stahlstiften vernietet wurden. 2000 Arbeiter bauten drei Jahre lang an dem Monster, vier Arbeiter und ein Besucher kamen dabei ums Leben.

Millionenpassage Den Atlantik überquerten im Jahre 1957 1036000 Passagiere auf über 70 Linienschiffen. Erst im Jahr 1958 gab es mehr Flug- als Schiffspassagiere auf dem Weg über den großen Teich. Das erste Düsenflugzeug, das die Transatlantiklinie flog, startete am 26. Oktober 1958.

Palindrom

Ein Palindrom ist ein Wort oder Satz, der vorwärts wie rückwärts gelesen das Gleiche ergibt. Der 10. Februar 2001 war das erste Palindrom-Datum (10022001) seit 809 Jahren (29. November 1192 oder 29111192), seitdem haben wir solche Daten viel öfter: 20. Februar 2002, 30. Februar 2003 etc.

Papagei

Der Graupapagei Alex (ca. 1976 bis September 2007) konnte menschliche Sprache nicht nur nachplappern, sondern verstehen, richtig anwenden und sogar eigene Wörter erfinden. Vermutlich erfasste er selbst abstrakte Konzepte wie die Zahl Null. Die Tierpsychologin Irene Pepperberg untersuchte ihn dreißig Jahre lang an verschiedenen Universitäten. Als Alex 2007 starb, war er weltberühmt. Die *New York Times* und der *Spiegel* widmeten ihm einen Nachruf.

Papst

Suidger, Graf von Morsleben und Hornburg (1005–1047), war als Clemens II. von 1046 bis 1047 Papst. Er ist der einzige Pontifex, der in Deutschland bestattet wurde, nach seinem

Tod am 9. Oktober 1047 im Kloster S. Tommaso am Apsella bei Pesaro wurde seine Leiche nach Bamberg überführt und dort im Dom beigesetzt. Es ist nicht nur das einzige Papstgrab in Deutschland, sondern das einzige nördlich der Alpen.

Päpstin

Die Päpstin Johanna (angeblich 9. Jahrhundert) ist eine Legende aus dem 13. Jahrhundert (erste Erwähnung: 1277) und hat nie wirklich gelebt.

Paradies

Die Schlange reichte Eva keinen Apfel, sondern die Frucht vom „Baum der Erkenntnis des Guten und des Bösen" (Genesis 2,17). Was diese Frucht gewesen war, weiß niemand.

Im Paradies hatte die Schlange noch vier Beine. Erst nachdem sie Eva die Frucht vom verbotenen Baum gereicht hat, flucht Gott ihr die Beine weg: „Auf deinem Bauche sollst du gehen und Erde essen dein Leben lang", heißt es in Genesis 3,14.

Der Garten Eden lag in der Südtürkei Nach dem Bericht der Bibel floss aus dem Garten Eden ein Strom, der sich in vier Arme teilte: den Pischon, den Gihon, der durch Afrika fließt (der Nil?), den Euphrat und den Tigris. Somit muss das Paradies irgendwo in der südlichen Türkei gelegen haben – wenn man dort einen Ort findet, an dem der Nil entspringt.

Paris-Syndrom

Mit Paris-Syndrom beschreiben Psychiater eine psychotische Störung, die bisher nur bei Japanern aufgetreten ist, die die französische Hauptstadt besuchten. Der Zusammenprall zwischen der romantischen Vorstellung einer „Stadt der Liebe" mit Lärm, Schmutz und Kriminalität in der Realität führt zu einer Psychose, die oftmals nur schwer zu behandeln ist.

Patent

Ein Patent erhält ein Erfinder für eine neue Technik, die gewerblich anwendbar ist. Das Patentrecht schreibt nicht vor, dass diese Technik auch funktioniert. Man kann also auch völlig wirkungslose Verfahren patentieren lassen, solange sich niemand zuvor den Unsinn hat schützen lassen.

Penis-Museum

Das „Phallologische Museum“ in Hasarvik bei Akureyri, Island, stellt insgesamt 276 Exponate aus – Penisse der unterschiedlichsten Tierarten. Prachtstück ist der 170 Zentimeter lange Pottwalpenis in Formaldehyd. Andere Schaustücke sind Lampenschirme aus Bullenhoden sowie der Penisknochen eines Walrosses. Das Museum, ursprünglich in der isländischen Hauptstadt Reykjavik beheimatet, ist nach seinem Umzug in das winzige Fischerdörfchen die größte Touristenattraktion der Gegend und zieht jedes Jahr mehrere tausend Besucher an.

Pergament

Das alte Schreibmaterial Pergament wurde aus Rindshäuten hergestellt. Die besten Häute stammten aus dem kleinasiatischen Pergamon, daher der Name. Auch das deutsche Sprichwort „Das geht auf keine Kuhhaut“ für unerträgliches Gerede bezieht sich auf die Rinderhaut als Schreibunterlage. Im Mittelalter benötigte man die Haut von 500 Kälbern, um eine Bibel herzustellen, und 50 Kälber für eine „Taschenbuchausgabe“ des römischen Dichters Vergil.

Perlen

Perlen entstehen nicht dadurch, dass – wie wir alle zu wissen glauben – ein Sandkorn in die Schale gerät und mit Perlmutt ummantelt wird. Beim Essen und Atmen schlucken Austern jede Menge Sand, das macht ihnen nichts aus. Tatsächlich bekämpfen Austern durch Perlen Parasiten und Bohrwürmer – in jeder Naturperle steckt ein kleines Ungeziefer.

Pferde

Bis ins 16. Jahrhundert glaubten die Gelehrten (Pferdezüchter wohl weniger ...), Stuten würde vom Wind geschwängert. Sie hielten deshalb ihr Hinterteil dem Winde entgegen, um befruchtet und trächtig zu werden.

Weil er sich über die Zulassung der Homo-Ehe aufregte, beantragte der Cowboy Ross Howard aus Denver, USA, eine Heirat mit seinem Pferd. Die Erlaubnis wurde ihm verweigert, weil das Pferd erst drei Jahre alt war – und damit als Minderjährige die Zustimmung seiner Eltern benötigte.

Pflanze, fleischfressende

Man kennt rund tausend verschiedene Spezies von fleischfressenden Pflanzen, 15 davon gibt es auch in Deutschland. Die größte fleischfressende Pflanze der Welt ist die bis zu 1,80 Meter hohe Schusspflanze (*Stylidium laricifolium*), die an der australischen Ostküste von Queensland im Norden bis Victoria im Süden vorkommt. Mit ihren zehn bis dreißig rosafarbenen Blüten frisst sie allerdings nur Insekten und wird dem Menschen nicht gefährlich.

Phobien

Samhainophobie ist die (sehr reale) Angst von Kindern vor Halloween.

Nur keine Angst! Die Arachnophobie, die Angst vor Spinnen, äußert sich in einem schrillen „Igitt!“. Dass die Angst vor dem Eingesperrtsein und vor Beengung Klaustrophobie genannt wird, ist bekannt, dass das Gegenteil davon die sogenannte Platzangst, die Furcht vor weiten Flächen oder Agoraphobie ist, weniger. Xenophobie, die Angst vor Fremden, ist ein soziales Übel. Aber: Panische Angst kann man vor wirklich allem haben, und jede Angst hat ihren Fachausdruck. Die Angst vor wilden Tieren heißt Agrizoophobie, kann man keine geschäftigen Straßen überqueren, leidet man an Agyrophobie. Knoblauch fürchtet die Alliumphobie, Eisenbahnen und Züge die Amakaphobie. Mit einem medizinischen Fachausdruck belegt wurde unter anderem die Furcht vor Fröschen (Bufonophobie), vor Leder, Pelz, Fell und Tierhaut (Doraphobie), vor aus dem Griechischen stammenden Fachausdrücken (Hellenologophobie), vor dem Hinsetzen (Kathisophobie) sowie die in manchen Regionen vielleicht nicht ganz so unbegründete Angst vor Tornados (Lilapsophobie). Fürchten Sie sich vor Schnüren, lautet der Fachbegriff Linonophobie, die Angst vor Gedichten heißt recht unlyrisch Methrophobie. Vor Gewürm ekelt sich die Scoleciphobie, vor Holz die Xylophobie. Wer Furcht vor Maulwürfen hat, schlage unter Zemmiphobie nach. Wenn Sie unter keiner dieser Phobien leiden, dann lautet die Diagnose Ihres Problems Hypopphobie, der Mangel an Angst.

Phonograph

Als der französische Physiker Physiker Du Moncel am 11. März 1878 in der Pariser Académie des Sciences den dort versammelten Gelehrten Edisons neueste Erfindung, den Phonographen (einen Vorläufer des Plattenspielers), vorstellte, rief der Forscher Bouillaud erbost aus: „Sie Schuft! Glauben Sie, wir lassen uns von einem Bauchredner zum Besten halten?“

Phrenologie

Die Wissenschaft der Phrenologie wurde von dem Arzt Franz Joseph Gall (1758–1828) begründet, der einen Zusammenhang zwischen Schädelform und Gehirn annahm und deshalb auch zwischen Schädelform und Geistesvermögen. Phrenologie war extrem populär, man vermaß die Gesichter von Geisteskranken, Genies und Gefängnisinsassen; letztlich aber war es doch eine Irrlehre und ist heute wissenschaftlich längst widerlegt. Trotzdem hat der Humbug Spuren in der Sprache hinterlassen: Noch immer sprechen wir von einer „Denkerstirn“ oder einem „energischen Kinn“.

Pi

Man kann natürlich auch segeln gehen, aber für eine bestimmte Sorte Mensch ist es ein toller Sport, die Kreiszahl Pi auf Tausende von Kommastellen aufzusagen. Der jüngste Rekord (108 000 Stellen nach dem Komma – er dauerte dreißig Stunden) begann pünktlich um 18 Uhr am 3. Juni 2005 und war zwei Tage später um 0 Uhr zufrieden beendet. Über 360 Freiwillige waren daran beteiligt, und ausgerichtet wurde das Ganze vom Mathematikum in Gießen.

Der 60-jährige Japaner Akira Haraguchi sagte bei einem Weltrekord in Tokio am 4. Oktober 2006 die Kreiszahl Pi auswendig auf 100 000 Dezimalstellen auf. Er benötigte dafür 126 Stunden – mit jeweils zehn Minuten Pause nach je einer Doppelstunde.

Die ersten 500 Stellen der Kreiszahl Pi nach dem Komma:
3,14159265358979323846264338327950288419716939937 5
1058209749445923078164062862089986280348253421170
6798214808651328230664709384460955058223172535940
8128481117450284102701938521105559644622948954930 3
8196442881097566593344612847564823378678316527120 1
9091456485669234603486104543266482133936072602491
4127372458700660631558817488152092096282925409171 5
3643678925903600113305305488204665213841469519415 1

160943305727036575959195309218611738193261179310511854807446237996274956735188575272489122793818301194912.

Ab der 1142 905 318 634-sten Nachkommastelle von π wiederholt sich die Anfangssequenz 31415926535 8. Dann geht es erneut chaotisch weiter.

Die Kreiszahl Pi wurde mittlerweile bis auf die fünfbillionste Dezimalstelle berechnet.

Stilles Gedenken Mathematisch Interessierte begehen jeweils am 14. März jeden Jahres den Pi-Gedenktag (aufgrund der amerikanischen Datumsschreibweise 3/14). Konkurrierende Zahlenliebende aber nehmen den 22. Juli, weil der griechische Ingenieur Archimedes den Wert von Pi erstmals auf 22 Siebtel festgelegt hatte.

Pinguin

Das Wort Pinguin bezeichnete ursprünglich den 1844 ausgerotteten Riesenalk (*Alca impennis*) der Nordhalbkugel und ging erst später auf den antarktischen Vogel über.

Das Wort Pinguin stammt aus dem Walisischen (pen = Kopf, gwin = weiß), der keltischen Sprache, die im britischen Wales gesprochen wird.

Im Jahre 1939 wurden in Norwegen neun Königspinguine ausgewildert. Einer wurde erschossen, weil ein Jäger ihn für einen Troll hielt. Der letzte, einsame Vogel starb 1954.

Pinguine gibt es nicht ausschließlich um den Südpol, sondern auch am Äquator, auf den Galapagosinseln. Da der Archipel direkt auf dem Äquator liegt, kann man sogar davon sprechen, dass der Galápagos-Pinguin (*Spheniscus mendiculus*) auch auf der Nordhalbkugel vorkommt.

Bei den Kaiserpinguinen (*Aptenodytes forsteri*) brütet das Männchen das Ei aus, während das Weibchen fischen geht.

Planeten

Unser Sonnensystem hat seit 2006 nur noch acht Planeten … und mehrere tausend Kleinplaneten. Der erst 1930 entdeckte Pluto galt lange als neunter Planet, ihm wurde dieser Status aber von der Internationalen Astronomischen Union 2006 wieder aberkannt.

Der Planet Jupiter, der fünfte der acht Planeten des Sonnensystems, ist auch der größte und massereichste Planet darin: Er weist 2,5-mal so viel Masse wie alle sieben anderen Planeten zusammengenommen auf.

Der größte Berg des Sonnensystem befindet sich auf dem Mars – es ist der Vulkan Olympus Mons in der Region Tharsis. Dieser wahrhafte Olymp ragt 26,4 Kilometer auf (zum Vergleich: der Mount Everest ist keine neun Kilometer hoch) und hat einen Durchmesser von 600 Kilometern.

Die höchste Felsklippe des Sonnensystems heißt Verona Rupes und liegt auf dem Uranusmond Miranda. Der Steilabfall beträgt zwanzig Kilometer, ist also zehn Mal so hoch wie der tiefste Einschnitt auf der Erde, der Grand Canyon. Das ist umso erstaunlicher, weil Miranda mit nur 471 Kilometern Durchmesser ein winziger Himmelskörper ist. Aufgrund seiner geringen Anziehungskraft würde ein Sturz über die Verona Rupes zwölf Minuten dauern.

1859 beschrieb Urbain Jean Joseph Le Verrier, der Entdecker des Planeten Neptun, einen neuen Planeten, den Vulkan. Zwischen 1859 und 1970 meldeten astronomische Fachzeitschriften mehrere Dutzend Beobachtungen des neu entdeckten Planeten, der seine Umlaufbahn noch zwischen Sonne und Merkur zog. Und doch: Diesen Planeten gab es nie.

Ein Planet namens George Als der Astronom Friedrich Wilhelm Herschel 1781 den Planeten Uranus entdeckte, wollte er ihn zu Ehren des englischen Königs George III. zuerst

George nennen – Georgium Sidus. Dann wurde der neue Himmelskörper aber, wie alle Planeten des Sonnensystems, auf einen aus der klassischen Mythologie stammendem Namen getauft.

Nicht nur der Saturn, sondern auch der Jupiter, der Neptun, der Uranus und möglicherweise sogar der Saturnmond Rhea haben Ringe.

Plural

Der Plural von das Quiz lautet die Quiz. Der Plural von der Passus lautet die Passus (mit langem u).

Poltergeist-Denkmal

Im Schloss des westlich von Stuttgart gelegenen Sachsenheim polterte im 16. Jahrhundert ein Geist: Er klopfte im ganzen Haus, aber er sprach auch mit einer Vogelstimme und war den Menschen im Allgemeinen gut gesonnen. Eine Statue am Schloss zeigt das „Klopferle" – die einzige Darstellung eines Poltergeists, die wir kennen. (Auch wenn einige Zyniker meinen, die Statue habe mit dem Geist nichts zu tun und die Assoziation beruhe einzig auf naiven Volkserinnerungen.)

Pop

Die Beatles wurden 1962 nach einem Vorspiel bei der britischen Plattenfirma Decca von deren Repertoire-Manager Dick Rowe mit der Begründung abgelehnt: „guitar groups are on the way out" und „the Beatles have no future in show business" – die Gitarrengruppen seien ein Ding von gestern, und die Beatles hätten im Showbusiness keine Zukunft.

Das erste je beim Musiksender MTV gespielte Video war Dire Straits „Money for Nothing". Stimmt nicht! Das war der erste Song, der 1987 auf MTV Europe lief. Im Amerika startete MTV im August 1981 mit „Video Killed the Radio Star“ als erstem Song, als zweiter Song lief Pat Benatars „You Better Run“.

Ein Star wird zum Planeten 1995 benannte die Internationale Astronomische Union den Asteroiden 4442, der zwischen Mars und Jupiter um die Sonne kreist, offiziell „Garcia“ nach dem Rockstar Jerry Garcia von der Band Grateful Dead.

Presley, Elvis

Eine Locke von Elvis Presley, die ihm 1958 beim Eintritt ins Militär abgeschnitten wurde, wechselte bei einer Auktion in Chicago für 18 300 US-Dollar den Besitzer.

Aufgrund der unterschiedlichen Schwerkraftverhältnisse wöge der „King“ Elvis, der vor seinem Tode 255 amerikanischer Pfund auf die Waage brachte, auf dem Merkur 97 Pfund, auf der Venus 232 Pfund, auf unserem Mond 43 Pfund, auf dem Mars 97 Pfund, auf dem Jupiter 648 Pfund, auf dem Saturn 275 Pfund, auf dem Uranus 232 Pfund, auf dem Neptun 303 Pfund und auf dem Pluto 13 Pfund. Am gewichtigsten wäre Elvis Presley auf der Sonne gewesen – dort hätte er 7140 Pfund gewogen.

Das „Elivis is Alive“-Museum in Wright City, Missouri, zeigt „Beweise“ dafür, dass der King noch lebt.

Der finnische Musiker Jukka Ammondt ist auf Cover-Versionen von Elvis-Presley-Songs in toten Sprachen spezialisiert. Nach Latein testete er 2001 auch Sumerisch – bei ihm heißen die „Blue Suede Shoes“ „Nig-na-me si-ib-ak-ke-en, e-sir-kus-za-gin-gu ba-ra-tag-ge-en“!

Primzahl

Yasumasa Kanada von der Universität Tokio hat eine Primzahl mit 51 539 607 552 Dezimalstellen errechnet – die bislang höchste bekannte Primzahl.

Prosopagnosie

Prosopagnosie oder die Unfähigkeit, Gesichter zu erkennen, ist eine seltene Krankheit. Die „Gesichtsblindheit" führt dazu, dass jedes Gesicht wie das andere wirkt. Eltern müssen sich merken, was ihre Kinder trugen, um sie zu erkennen – selbst größte Vertrautheit ermöglicht es den Leidenden nicht, sich ein Gesicht zu merken.

Prozent

Das Zeichen für Prozent % ist eine Zusammenziehung, eine sogenannte Ligatur, der italienischen Abkürzung *cto* für *cento*. Aus dem C wurde der obere Kreis, das T zum Schrägstrich, das O zum unteren Kreis.

Pyramiden

Die Erbauer der drei großen Pyramiden Cheops, Chefren und Mykerinos hießen auf Ägyptisch Khufu, Chafre und Menkaure.

Seit der Mitte des 18. Jahrhunderts starben beim Erklettern der rund 140 Meter hohen Cheops-Pyramide von Gizeh über 1600 Menschen. Das Ersteigen des Monuments ist deshalb seit 1951 per Gesetz verboten.

Es gibt rund 120 Pyramiden in Ägypten (es werden immer noch neue entdeckt) – aber 223 im Sudan!

Als hätte das Land nicht schon genug davon: 2008 wurde in Ägypten die vorerst letzte, insgesamt 118-te. Pyramide entdeckt. Heute ist sie nur noch eine fünf Meter hohe Ruine, ursprünglich war sie wohl 15 Meter hoch. Erbaut hat man sie für Königin Sescheschet um 2700 v. Chr.

Pyramiden gibt es nicht nur in Ägypten, sondern auch an vielen Orten Europas:

- Im Nordwesten Sardiniens liegt in der Nähe von Porto Torres die Stufenpyramide von Monte d'Accudi. Die Anlage wurde in mehreren Phasen zwischen 3200 und 2700 v.Chr. errichtet.

• In Rom steht an der Piazza Ostiense die einzige römische Pyramide, das Grabmal des Caius Cestius aus dem ersten vorchristlichen Jahrhundert. Die klassische Pyramide ist mit weißem Marmor verkleidet, ihre Basislänge beträgt rund dreißig Meter, die Höhe 36,4 Meter. In ihrer Konstruktion folgt sie den ägyptischen Vorbildern.

• Auf dem Marktplatz von Karlsruhe und im Barockgarten von Potsdam stehen kleine Pyramiden. Die Pyramide von Karlsruhe ist tatsächlich ein Grab, in ihr ruht der Markgraf Karl Wilhelm (gest. 1738).

• In Laglio am Comer See hat sich der Pfälzer Arzt Josef Frank (gest. 1875) eine große weiße Grabpyramide nach dem Vorbild der Cestius-Pyramide in Rom erbauen lassen.

• Die Pyramide von Falicon bei Nizza in Südfrankreich hat eine Seitenlänge von rund sechs Metern, die Kanten waren etwa neun Meter lang – es handelt sich um einen Bau vom Ende des 19. Jahrhunderts.

• 1851 wurde William McKenzie neben der Kirche St. Andrews in der Rodney Street, Liverpool in Großbritannien, in einer fünf Meter hohen Pyramide beigesetzt.

In den 1980er Jahren wurden zahllose Stufenpyramiden aus rauem Vulkangestein in der Nähe von Guimar auf Teneriffa auf den Kanarischen Inseln entdeckt. Der Abenteurer Thor Heyerdahl hielt sie für uralt und mutmaßte 1991, sie bildeten ein Bindeglied zwischen den Pyramiden in Ägypten und in Mittelamerika. Ausgrabungen haben mittlerweile gezeigt, dass die „antiken“ Monumente tatsächlich aus dem 19. Jahrhundert stammen.

Die größte Pyramide Polynesiens ist die erstmals von Kapitän Cook beschriebene Stufenpyramide Marae Mahaiatea auf Tahiti. Ihre Grundfläche misst 21,6 mal 81,4 Meter, in elf

Stufen steigt sie auf über 13 Meter hoch. Oben befindet sich keine Spitze, sondern eine große flache Plattform. Der große Marae Taputapuatea im Opoa-Tal unmittelbar am Meeresufer auf Raiatea (Gesellschaftsinseln) ist 43 Meter lang, 7,3 Meter breit und 3,7 Meter hoch. Marae gibt es überall in Polynesien, auf Hawaii sogar in Form hoher (aber kleinerer) Pyramiden. Sie werden auf die Zeit von 1000 bis 1100 n. Chr. datiert.

Wigwam in XXL Die größte Stufenpyramide Nordamerikas ist der sogenannte Monk's Mound in der Ruinenstadt Cahokia beim heutigen Collinsville im amerikanischen Bundesstaat Illinois. Die aus Erde und Lehm errichtete Tempelplattform ist dreißig Meter hoch und misst an der Grundfläche 291 Meter mal 236 Meter inklusive einer Rampe an ihrer Südseite. Ihre Grundfläche entspricht damit mit 5,3 Hektar der der großen Cheops-Pyramide in Ägypten. Die Arbeit an dem Bauwerk begann um 900–950 n. Chr. 300 Jahre später wurde es fertiggestellt. Die abgeflachte Pyramidenspitze trug einen dreißig Meter langen Tempel aus Holz. Um 1300 wurde Cahokia von seinen Bewohnern verlassen. Archäologen schätzen, dass etwa 40 000 Menschen in der Stadt gelebt haben.

Quarantäne

Als in Venedig im 14. Jahrhundert die Beulenpest ausbrach, mussten Besucher vierzig Tage lang auf einer Insel ausharren, bevor sie eingelassen wurde. Vom italienischen Wort *quaranta* für vierzig leitet sich der Begriff Quarantäne ab.

Radio

Stimmt es wirklich, dass uns das Fernsehen die Vorstellungskraft raubt? Man könnte es meinen, wenn man hört, was früher die erfolgreichsten Radiosendungen waren. Eine der populärsten Radiosendungen in England in den 1940ern bestritt ein Zauberer mit Kartentricks, in den 1950ern war der Hit des BCC „Educating Archie“ mit Archie Andrews – einem Bauchredner. 1935 übertrug die BBC live ein Feuerwerk bei Spithead an der englischen Südküste im Radio!

Rakete

Der erste bemannte Raketenflug fand weder in den USA noch in der UdSSR statt. Im Jahre 1633 band sich der Feuerwerker Lagari Hasan Celebi in Istanbul an einer Rakete fest, mit der er aufstieg, um der Tochter des Sultans Murad Khan IV. eine Geburtstagsüberraschung zu bereiten. Er erreichte eine Höhe von 270 Metern, löste sich dann und glitt mithilfe von „Adlerschwingen“ ins Wasser des Bosporus. Der Mann überlebte und wurde vom Sultan zum Cheffeuerwerker ernannt.

Raser

Die – je nach Sichtweise – originellsten oder dümmsten Ausreden: In Der Schweiz gab im Mai 2011 ein Ferrari-Fahrer an, er habe den Tourenzähler mit dem Tacho verwechselt, als er 95 km/h zu schnell unterwegs war. 2004 erklärte ein Raser den verdutzen Polizisten im Nordosten Englands, eine fliegende Untertasse habe ihn ohnmächtig werden lassen, erst das Blitzen des Radars habe ihn wieder geweckt. Am 12. Februar 2011 stoppte die Polizei einen PKW, der mit 110 km/h auf dem Altstadtring in Nürnberg unterwegs war. Ausrede: Eine CD sei im Spieler heiß gelaufen, die Freundin habe sie zum Abkühlen aus dem offenen Fenster gehalten, er habe für kräftig Zugwind sorgen wollen … 280 Euro Strafe, vier Punkte in Flensburg, zweimonatiges Fahrverbot.

Die zehn häufigsten Ausreden von Rasern sind nach Auskunft des Bundesministeriums für Verkehr, Bau und Stadtentwicklung:

- 1. Die Kinder müssen rechtzeitig in die Schule.
- 2. Ich habe gleich ein Meeting mit einem wichtigen Geschäftspartner.
- 3. Ich fahre die Strecke jeden Tag. Da kann ich ruhig etwas schneller fahren.
- 4. Ich bin Vielfahrer und könnte auch im Schlaf sicher fahren.
- 5. Ich muss meinen Wagen auch mal ausfahren.
- 6. Ich hab mich von der Musik mitreißen lassen.
- 7. Der hinter mir hat gedrängelt.
- 8. Die andern schleichen doch alle.
- 9. Ich hab nicht auf den Tacho gesehen.
- 10. Ich hab das Schild wirklich nicht gesehen.

Rastal

Bei vielen Gläsern im Restaurant steht „Rastal" am Eichstrich. Dabei handelt es sich nicht um ein mysteriöses Hohlmaß, sondern um den Namen des Herstellers. Die RASTAL GmbH & Co. KG (aus Rastertechnik und Kristall) mit Sitz in Höhr-Grenzhausen ist einer der größten europäischen Hersteller dekorierter Trinkgefäße

Ratten

Die afrikanische Mähnenratte (*Lophiomys imhausi*) tötet ihre Feinde mit einer hoch giftigen Flüssigkeit aus zweiter Hand. Tagsüber knabbert das Nagetier die Rinde einer hoch giftigen Pflanze, das konzentrierte Gift im Speichel geben sie dann auf die Haare ihres Rückenkamms – wo es jeden potenziellen Angreifer erledigt. Menschen tötet es in 15 bis zwanzig Minuten.

Die fleischfressende Pflanze *Nepenthes attenboroughii*, 1,20 Meter hoch, die ausschließlich auf dem Berg Victoria auf der Insel Palawan, Philippinen, wächst, ernährt sich von Ratten.

Ratten erkennen den Unterschied zwischen Holländisch und Japanisch. Der Neurologe Juan Toto vom Wissenschaftspark Barcelona trainierte 64 erwachsene Ratten – sie erhielten immer dann Nahrung, wenn jemand ihnen entweder auf Holländisch oder Japanisch sagte, dass das Essen bereitstand. Meldete man den „japanischen“ Ratten auf Holländisch, das der Tisch gedeckt sei, verstanden sie es nicht – und umgekehrt!

Tofu und Fin, die Hausratten von Boomer Hodel, sind begeisterte Surfer und steigen auf eigens für sie gefertigten Brettern am Laniakea Beach in Hawaii in die Brandung.

In Bangladesch ist ein Fernsehgerät 83 450 Ratten wert – so viele tötete Mokhairul Islam, ein Geflügelfarmer aus Gazipur, in neun Monaten. Dafür gab es als Prämie ein TV-Gerät.

Beruf: Rattenkitzler Wissenschaftler der Bowling Green State University in Ohio wollten herausfinden, ob Ratten lachen, wenn man sie kitzelt. Ja, das tun sie, fanden die Forscher, allerdings im Bereich des Ultraschalls, der für menschliche Ohren nicht hörbar ist.

Überall Ratten! In dem Tempel der Hindu-Göttin Karni Mata in Deshnohe, im nordwestlichen indischen Bundesstaat Rajasthan, werden Ratten als heilige Tiere verehrt und mit Milch gefüttert. Huscht eine der grauen Ratten einem der Betenden über den Fuß, verheißt das Glück, denn die putzigen Pelztiere gelten als Inkarnation der Göttin.

Raupe, pfeifende

Ein Pfiff rettet ihr das Leben: Wird die Raupe der Walnuss-Sphinx angegriffen, pfeift sie den Vogel laut an, der sie fressen will – und schlägt so den Angreifer in die Flucht.

Regenschirm

Worte sagen häufig einiges aus: Regenschirm heißt beispielsweise auf Spanisch: *parasol* – gegen die Sonne!

Regenwurm

Es stimmt nicht, dass man einen Regenwurm in der Mitte durchschneiden kann und dass dann aus jedem Teilstück ein neuer Wurm nachwächst. Wer einen Regenwurm in der Mitte durchschneidet, bringt ihn um.

Die durchschnittliche Lebensdauer eines Regenwurmes beträgt etwa – je nach Spezies – zwischen drei und acht Jahre.

Der Riesenregenwurm *Megascolides*, den man in Victoria, Australien, antrifft, erreicht bis zu vier Metern Länge, wird aber noch übertroffen von der südafrikanischen Spezies *Microchaetus rappi* – das längste Exemplar maß ganze sechseinhalb Meter!

Reißverschluss

Den beweglichen Teil eines Reißverschlusses, den man auf- und abzieht, nennt man Schiff.

Den Reißverschluss erfand der amerikanische Handlungsreisende Whitcomb L. Judson (1836–1909) aus Chicago, weil es ihm lästig war, seine Stiefel zu schnüren. Den ersten Reißverschluss vermarktete er mit seinem Geschäftspartner Colonel Lewis Walker, sie stellten ihn auf der Weltausstellung in Chicago vor, ihre Firma aber ging bankrott. Die Idee wurde danach mehrmals von anderen aufgegriffen, aber erst eine Weiterentwicklung, die 1913 auf den Markt kam und von der US-Armee in großen Maße gekauft wurde, ermöglichte dem Reißverschluss den internationalen Durchbruch.

Religion, eher ungewöhnlich

May the farce be with you … Bei der Volksbefragung 2001 ergab sich in Australien, dass 70 509 (0,37 Prozent der Bevölkerung, einer von 270 Befragten) angaben, sie hingen der Jedi-Religion aus dem Star-Wars-Filmen an. In Neuseeland bekannten sich 53 000 Menschen zum Jedi-Glauben, in England und Wales 390 000 und in Kanada 20 000.

Reliquie

„Treasures of Heaven", eine Ausstellung mittelalterlicher christlicher Reliquien im Britischen Museum, London, im Sommer 2011 zeigte unter anderem „Tropfen von Marias Muttermilch".

Im spanischen Königspalast El Escorial wird eine rosarote Feder des Erzengels Gabriel aufbewahrt.

Mohammeds Barthaare werden in mehreren Moscheen der islamischen Welt gezeigt und verehrt, unter anderem in der Hazratbal-Moschee in Srinager, in der Alaettin-Moschee in Konya oder in Rohri, Pakistan. Sein Mantel, der Chirqa-i scharif, wird in Khuldabad in Indien und im Topkapi-Palast in Istanbul aufbewahrt.

Halber Würfel Zu den Reliquien, die das Münster St. Vitus in Mönchengladbach verwahrt, gehören das Tischtuch, das beim letzten Abendmahl verwendet wurde, sowie eine Hälfte des Würfels, mit dem die römischen Soldaten unter dem Kreuz um Jesu Rock spielten.

Himmelsbrot Die Kathedrale von Amalfi beherbergt seit 1208 nicht nur die sterblichen Überreste des Apostels Andreas. Auf seinem Grab bildet sich eine zähe Flüssigkeit, die am Festtag des Heiligen in einer Viole gesammelt wird – es handelt sich um das biblische Manna.

Überbleibsel Weil Jesus ja keine Leiche hinterließ, musste man im Mittelalter nach Überresten von ihm suchen, die auf der Erde zurückgeblieben waren, um sie als Reliquie zu verehren. Zu den absonderlichsten Reliquien gehört daher die heilige Vorhaut Jesu *Sanctum praeputium*, die bei seiner Beschneidung entfernt wurde. Diese Reliquie war so attraktiv, dass Dutzende Kirchen eine ausstellten, darunter Gotteshäuser in Andechs und Hildesheim. Besonders viele Vorhäute gab es in Frankreich, unter anderem in Metz, Besançon oder Le Puy-en-Velay. Aber auch in Antwerpen und Santiago de Compostela konnte man die göttliche Vorhaut anbeten. Die Vorhaut Christi, die seit 1527 in der Kirche von Calcata bei Viterbo, Italien, aufbewahrt wurde, ist 1982 gestohlen worden.

Rippe

Eva, die erste Frau, entstand aus einer Rippe Adams. Warum? Offenbar wurde ein älterer, sumerischer Mythos verwendet, der ein Wortspiel enthielt: Im Sumerischen heißt *ti* Rippe und *ti(l)* Leben. Aus Adams Lebenskraft also wurde Eva geschaffen, auch wenn die biblischen Autoren diesen Wortwitz nicht mehr verstanden. Im sumerischen Mythos übrigens leidet der Gott Enki unter „Rippenschmerzen", aus diesem Grund wird aus seiner Rippe die Göttin Ninti geschaffen, die Herrin des Lebens, die Enki kuriert.

Rotes Meer

Die Perser benannten die Himmelsrichtungen mit Farben – Rot stand für den Süden, Schwarz für den Norden. Aus diesem Grund sprechen wir immer noch vom „Roten Meer" – und natürlich vom „Schwarzen Meer".

Sandburgen

Wer am Meer spielt, baut Sandburgen. Generell trifft das fast nur auf Deutsche zu – und auch dort nicht überall.

- In Sylt ist das Errichten von Sandburgen aus Gründen des Küstenschutzes verboten.
- Das Gleiche gilt für die Stadt Eraclea an der italienischen Adria. Dort muss der zukünftige Burgherr eine Schutzzone von fünf Metern zu Küstenlinie einhalten, um die Lebensretter nicht zu behindern (bei Zuwiderhandlung erfolgt eine Geldstrafe in Höhe von bis zu tausend Euro).
- Sandburgen bauen darf man zwar auf der Isle of Palm in South Carolina, USA, aber nur, wenn man sie anschließend Tag und Nacht bewacht und vor dem Verlassen des Strandes wieder planiert, weil sich einmal ein Polizist den Knöchel verstaute, als er in einen Burggraben stolperte. Strafe hier: zwischen 128 und 500 Dollar.

Die längste (und wohl auch größte) Sandburg der Welt errichteten im Juni 2010 über 10 000 Touristen am Strand von Rügen. Über 27 Kilometer lang und mindestens neunzig Zentimeter hoch war diese vergängliche Mauer. Die höchste Sandburg der Welt häufte Ed Jarrett im Mai 2011 am Strand von Farmington in Connecticut, USA, auf – nach 2000 Arbeitsstunden errichte sein Werk die sagenhafte Höhe von 11,30 Metern!

Sardinenmuseum

Einen Besuch wert ist sicherlich das Sardinenmuseum in der japanischen Küstenstadt Kujukuri – zumindest an den Tagen, an denen es dort nicht allzu eng und gedrängt zugeht.

Sarkophag

Sarkophag heißt eigentlich „Leichenfresser“ vom griechischen σαρχοφάγος, „Fleisch verzehrend“.

Satan

Die amerikanische Firma Procter and Gamble änderte 1985 ihr seit 1882 bestehendes Firmenlogo, weil evangelikale Fundamentalisten in den Bartlocken der männlichen Figur die biblische Zahl des Teufels – 666 – erkannt haben wollten. Nach über 100 000 schriftlichen Anfragen, warum die Firma den Satan anbete, wurde das Design geändert. Das neue Logo hat immer noch einen Kinnbart, jetzt allerding ohne Locken.

Säugetier

Jedes Säugetier, von der Spitzmaus bis zur langhalsigen Giraffe, hat nicht mehr als sieben Halswirbel. Vögel haben zwischen neun und dreiundzwanzig Halswirbel.

Schallplatte, ödeste

Die Schweigeminute anlässlich der Beisetzung von Prinzessin Diana im Londoner Hydepark am 6. September 1997 erschien 2001 in einer auf 500 Stück limitierten Auflage als CD (es ist allerdings nicht ganz still, es wird auch gehustet und einmal schreit kurz ein Baby). Der Plattenfirma weit voraus war der amerikanische Avantgarde-Musiker John Cage, der 1952 ein Musikstück namens „4'33" (Four minutes, thirty-three seconds) uraufführte, das aus genau 4 Minuten und 33 Sekunden Stille besteht.

Schätze

Bei den meisten im Internet angebotenen „authentischen Schatzkarten" von Piraten handelt es sich um Fälschungen.

Tipp für Schatzsucher: Am ehesten fündig wird man an Flussbiegungen, wo die Kelten Waffen und Bronzekessel als Opfer deponierten, an Furten, wo es seit Jahrtausenden un-

unterbrochen Verkehr gegeben hat, zwischen dem Ufer und einer Insel, wo man alte Stege, Brücken oder Bootsrouten vermutet, oder in der Nähe verlassener Wüstungen.

Wer in der gegenwärtigen Situation etwas klamm ist, sollte also in einen Tauchkurs investieren. Die vier derzeit noch größten ungeborgenen Schätze befanden sich an Bord der spanischen Galeonen „Santa Cruz“ (1679 vor Pembroke in Wales gesunken), „San Fernando“ (1571 vor der Insel Santa Lucia in der Karibik untergegangen) und der „Santa Maria“ (1597 vor Kap Haitien, Haiti, gesunken) sowie auf der deutschen Bark „George Sand“, die 1863 bei der Pratas-Tiefe im Chinesischen Meer sank. Wer alle vier findet, hat ein paar hundert Millionen Euros entdeckt. Viel Glück!

Wer in Deutschland bleiben möchte, mag sein Glück mit dem Nibelungenschatz versuchen: Vier Tage lang, so schildert das Nibelungenlied, seien zwölf Leiterwagen dreimal hin- und hergefahren, um das Gold der Nibelungen zum Schatzort zu bringen. Dort, so wörtlich, ließ es der Bösewicht Hagen von Tronje „bei dem Loche versenken in den Rhein“. Unter dem „Loche“ versteht man gewöhnlich den „Schwarzen Ort“, eine Rheintiefe bei Gernsheim. Diese Stelle wird seit Jahren erfolglos mit Echoloten und anderen Geräten durchkämmt. Allerdings hat der Rhein seinen Lauf mehrmals geändert und Ortsnamensforscher geben mit schöner Regelmäßigkeit neue Deutungen der spärlichen Informationen des Textes. Lernen Sie Mittelhochdeutsch, es könnte Sie reich machen.

Stoßen Sie beim Umgraben im Garten tatsächlich auf eine Truhe mit spanischen Dublonen, dann gelten in Deutschland folgende juristische Bedingungen: Bei einem Schatzfund, bei dem der Eigentümer nicht mehr festgestellt werden kann (§ 984 BGB), erhält der Schatzentdecker das

„hälftige Miteigentum“, die andere Hälfte streicht derjenige ein, dem das Grundstück gehört, auf dem der besitzerlose Schatz entdeckt wurde.

Scheinschwangerschaft

Nach einer Untersuchung, die das renommierte *Journal of Nervous and Mental Disease* 1984 veröffentlichte, gab es seit 1940 weltweit etwa hundert Fälle von weiblicher Scheinschwangerschaft – und drei Fälle, bei denen die Scheinschwangeren Männer waren.

Schelch

Die Bezeichnung für ein männliches Wildpferd lautet nicht Hengst, sondern Schelch.

Schiff

Fehl am Platz Im Jahre 1460 soll in einem Bergwerk hoch über Bern in der Schweiz ein versteinertes Segelschiff mit zerbrochenen Masten entdeckt worden sein. Am grausigsten: Überall in dem versteinerten Schiff lagen die ebenfalls versteinerten Reste von Seeleuten mit Hellebarden. Mehrere Geschichtsschreiber der Zeit berichteten in ihren Werken von diesem Fund, heute aber ist nicht einmal der kleinste Steinsplitter davon erhalten.

Schifffahrt

Als sie ab 1854 von über 2000 Arbeitern gebaut wurde, war die „Great Eastern“ mit 211 Metern Länge das größte Schiff der Welt. Aber auch ein sogenanntes Unglücksschiff. Beim ersten Stapellauf am 11. November 1857 kauften über 10 000 Zuschauer Eintrittskarten, um dabei zu sein, das Schiff verhakte sich aber auf der Helling, ein Anker fiel in die Zuschauermenge und verletzte mehrere Dutzend davon und erschlug einen Arbeiter. Das Schiff bewegte sich um – einen ganzen Meter. Erst ein Jahr später konnte der Gigant erfolgreich zu Wasser gelassen werden.

Um die arabische Bevölkerung zu beeindrucken, veranstaltete die britische Marine am 22. Juni 1893 vor Beirut ein Manöver mit acht Schlachtschiffen, drei schweren Kreuzern und zwei leichten Kreuzern in zwei Kolonnen. Der kommandierende Admiral Sir George Tyron verrechnete sich bei einem Schwenk, ließ die „HMS Camperdown" seitlich in sein Flagschiff „HMS Victoria" krachen und versenkte sie auf diese Weise – mit 358 Todesopfern als Folge.

In der Badewanne über den Atlantik Bislang hat niemand versucht, mit einer Nussschale – oder zumindest einem Boot aus Nussschalen – den Atlantik zu überqueren. Aber bereits im Juli 1952 fuhr der französische Arzt Dr. Alain Bombard in einem Schlauchboot in 65 Tagen über den Atlantik, der deutsche Forscher Hannes Lindemann tat es ab Oktober 1955 in einem 7,7 Meter langen afrikanischen Einbaum (er brauchte ebenfalls 65 Tage) und im Sommer 1956 in einem nur 5,2 Meter langen Faltkanu in 72 Tagen. Noch abenteuerlustiger war Tom McNally, der sich im Dezember 1992 ab Portugal in einem nur 1,5 Meter langen Boot, der Vera Hugh I., hinauswagte und ganze 134 Tage für die Strecke bis San Juan-Puerto Rico, brauchte. Weil ihm der Rekord als Atlantiküberquerer im kleinsten Boot von einem Konkurrenten genommen wurde, dessen Boot nur wenige Zentimeter kürzer war, der aber die viel kürzere Strecke von Neufundland nach Irland zurücklegte, baute McNally die 1,19 Meter lange Vera Hugh II., um sich seinen Rekord wiederzuholen. Er schaffte es im März 1998 immerhin in der Rekordzeit von zwanzig Tagen von Tangier zu den Kanaren, dann hielten ihn Stürme von der Weiterfahrt ab.

Schildkröte

Der griechische Dichter Aeschylos fand den Tod, als ein Lämmergeier seine Glatze mit einem Stein verwechselte und aus großer Höhe eine Schildkröte darauf fallen ließ.

Eingebauter Kompass Wandernde Meeresschildkröten fühlen die feinsten Unterschiede im Erdmagnetfeld, bestimmen damit den Längengrad und finden so ihren Weg über die Ozeane der Welt. Das fand der Biologe Ken Lohmann von der University of North Carolina nach Experimenten im Februar 2011 heraus.

Schlangen

Eigentlich sieht eine wie die andere aus – aber natürlich gibt es auch bei Schlangenmännchen und -weibchen. Nur: Wie bestimmt man ihr Geschlecht? Anhand von drei (nicht ganz einfachen) Methoden können Sie erkennen, ob Sie nun von Herrn oder Frau Python erwürgt werden:

1) Die Schuppenzählmethode, die nur an einer sauber abgehäuteten Haut möglich ist (die Schuppen der Schwanzunterseite werden paarweise, dann die Bauchschuppen inklusive des Analschilds gezählt. Ist die Schwanzzahl minus Bauchzahl größer als 154, ist es eine Dame, kleiner als 154, ein Herr.)

2) Die Schwanzlängenmethode (von der Kloake aus gemessen ist der Schwanz der Weibchen kürzer und verjüngt sich gleichmäßig, der Schwanz der Männchen ist länger und verjüngt sich ungleichmäßig).

3) Die Begutachtung von unten – bei der Macho-Schlange kann man eine Einschnürung unterhalb der Kloake erkennen.

Schluckauf

Trinkt man das Wasser der hl. Quelle St. Teilo's Well in Pembrokeshire, Wales, und nimmt den Schädel des heiligen Teilo als Napf, soll das anhaltenden Schluckauf kurieren. Teilo war bis zu seinem Tode im Jahr 566 Bischof von Llanduff.

Schmetterlinge

Das Wort Schmetterling stammt aus dem Slawischen und bedeutet, wörtlich übersetzt, das Gleiche wie das englische Wort für Schmetterling (*butterfly*): Butterfliege.

Schmetterlinge haben die Nase nicht vorn, sondern unten: Insekten, darunter Fliegen und Schmetterlinge, schmecken mit ihren Füßen. Sie haben an den Fußgliedern haarähnliche Sinneszellen für Geschmack.

Schnecken

Ende 1971 starb in Hoven, England, die schnellste Schnecke der Welt im Alter von vier Jahren. Colly hatte bei der Weltmeisterschaft die Strecke von sechzig Zentimetern in sagenhaften drei Minuten zurückgelegt.

Gartenschnecken, die man aufliest und aussetzt, finden über eine Entfernung von bis zu hundert Metern zu ihrem alten Standort zurück.

Schokolade

Bei den Azteken wurden Kakao-Bohnen mit Wasser aufgeschüttet und mit scharfem Chili gewürzt – und nur Adelige durften das Getränk „xocolatl“ genießen. Es galt als sexuell anregend und in bestimmten Mischungen selbst als halluzinogen.

Schöpfung

Erzbischof James Ussher errechnete im Jahre 1650 den Zeitpunkt der Erschaffung der Welt auf den 26. Oktober 4004 v. Chr. – neun Uhr morgens.

Nach der Mythologie von Tahiti entstanden vor grauen Urzeiten aus dem Tang am Meeresufer fette Maden, die ein vom Schöpfergott Tangaroa gesandter Vogel in der Mitte durchbiss: Aus den beiden Teilen wurden Mann und Frau.

Schreibmaschine

Stewardess ist eines der längsten Wörter, das alleine mit der linken Hand getippt werden kann.

Schwan

Nicht jeder Schwan ist weiß, eine einzige Spezies ist schwarz: der sogenannte Trauer- oder Schwarzschwan (*Cygnus atratus*). Er stammt aus Australien und Tasmanien. Von allen Schwanarten hat er den längsten Hals.

Schweine

In Niedersachsen leben mehr Schweine als Menschen.

Das Rotbunte Husumer Schwein ist auch unter dem Namen Rotbuntes Husumer Protestschwein oder Dänisches Protestschwein bekannt. Die Züchtung machten Dänen Anfang des 20. Jahrhunderts in Nordfriesland, weil ihnen das Hissen der dänischen Nationalflagge verboten war. Das „Protestschwein" ist von roter Farbe, mit einem breiten weißen Querstreifen und einem dünnen Längsstreifen. Es ähnelt somit der dänischen Fahne.

Schweine, koschere

Der immer gleichen Fleischspeisen überdrüssig, soll der französische König Ludwig XVI. einmal gejammert haben: „Ach Herr, schenke mir ein neues Tier!" Den Juden und Muslimen ein solches neues Tier als Nahrung schenken wollte der Zuchtexperte Professor Fuller Bazer von der Universität Florida. Für Juden sind Schweine nicht koscher, also als Nahrung nicht erlaubt, weil sie gespaltene Hufe haben, aber nicht wiederkäuen. Die indonesische Schweinespezies Babirusa oder Hirscheber, 1,20 Meter lang und entsprechend dick, ist nun als einziges Schwein ein Wiederkäuer. Zumindest der Rabbi Isaiah Zeidin aus Bel Air, Kalifornien, erklärte deshalb das Babirusa im November 1984 zum einzigen koscheren Schwein. Durchgesetzt hat es sich trotzdem nicht.

Schwimmhäute

Auch Elefanten haben Schwimmhäute zwischen den Zehen.

Menschliche Fische? Die meisten Babys mögen wie eine Sirene schreien, doch nicht alle kommen als Seejungfrau zur Welt. 1926 ergab aber eine Untersuchung, dass von tausend Schulkindern neun Prozent der Jungen und immerhin noch ganze 6,6 Prozent der Mädchen Schwimmhäute zwischen dem zweiten und dem dritten Zeh hatten.

Seejungfrauen

Der heilige Patrick von Irland bekehrte einen Wassermann, den Fintan, zum christlichen Glauben. Der fischschwänzige Mann wurde später selbst heiliggesprochen.

Im Jahr 887 wurde – das berichten irische Chroniken – in Schottland eine sechzig Meter lange Seejungfrau an den Strand geschwemmt.

Um Touristen anzulocken, bezahlt die Region um den Lysefjord in Norwegen eine Frau, die barbusig, mit Perücke und Fischschwanz auf einem Fels im Meer sitzt.

Fischweiber Zu den berühmten Entdeckern, die auf ihren Reisen Seejungfrauen sahen, gehören Christoph Kolumbus (am 4. Januar 1493 in der Karibik) und Henry Hudson (am 15. Juni 1608 vor Novaya Zemlja in der Arktis).

Todesstrafe für Seejungfrauenbilder Die Nationalsozialisten bestraften das Zeichnen und Malen von Seejungfrauen mit dem Tode – in Warschau. Eine 1935 am Weichselufer aufgestellte Bronzestatue zeigte die „Sirene von Warschau“. Als die deutschen Truppen die polnische Hauptstadt besetzten, malten Widerstandskämpfer dieses Symbol an Hauswände. Und deshalb musste jeder mit dem Tode rechnen, den die Nazis dort beim Malen einer Nixe erwischten.

Seekuh

Ein schneller Tod Im November 1741 entdeckte der Naturforscher Georg Wilhelm Steller auf den abgelegenen arktischen Kommandeursinseln eine walgroße Seekuh-Spezies, die Steller'sche Seekuh. 1768 wurde die letzte Seekuh von hungrigen Matrosen geschlachtet – die frisch entdeckte Art war bereits 27 Jahre später wieder ausgerottet.

Seele

Wo im Körper sitzt die Seele? Nach dem griechischen Naturwissenschaftler Aristoteles im Herzen, für den Philosophen Pythagoras im Gehirn. Plato glaubte, der Mensch habe drei Seelenanteile, einen im Haupt, einen in der Brust, einen im Unterleib. Später einigte man sich auf das Hirn, dort allerdings lokalisierte man die Seele in unterschiedlichen Regionen. Für René Descartes war der Sitz der Seele z.B. die Zirbeldrüse des Gehirns.

Der amerikanische Arzt Duncan MacDougall (1866–1920) fand durch langjährige Versuche, bei denen er sechs Patienten vor und nach ihrem Tode wog, heraus, dass die menschliche Seele durchschnittlich etwa 21 Gramm wiegt (manchmal mehr, manchmal weniger). Vorher hatte er die Seele von Hunden gewogen, dabei aber keinen Gewichtsverlust festgestellt: Hunde haben also keine Seele. MacDougall veröffentlichte seine Ergebnisse im März 1907 in der *New York Times* und in der medizinischen Fachzeitschrift *American Medicine*.

Seepferdchen

Bei Seepferdchen werden nicht die Weibchen, sondern die Männchen trächtig und tragen die Brut aus.

Seeungeheuer-Denkmal

Im April 1934 machte die Seeschlange vom Lago Maggiore zum ersten Mal weltweit Schlagzeilen. „Ein prustender, Feuer spuckender Drache", so dichtete damals die Neuseeländer *Evening Post*, „pflügte durch das blaue Wasser des Sees." Im Oktober 1985 beschloss die Handwerkskammer von Baveno auf Anregung des Werbefachmanns Marco Braga, am Ufer die riesige, zwanzig Meter lange Statue eines Seeungeheuers errichten zu lassen. „Maggie, das Monster des Lago Maggiore" steht nun, aus Granit gemeißelt, am Ostende der Strandpromenade des Ferienortes. An einem Kinderspielplatz ragt der lange Hals mit einem kleinen Kopf aus der Erde, an dessen Hals ein gezackter Rückenkamm verläuft, danach eine etwa einen Meter hohe Schlinge. In etwa dreißig Metern Entfernung lugt dann noch ein etwa eineinhalb Meter langer, spitzer Schlangenschwanz aus dem Rasen. Der palmenbestandene Lago ist also einer der wenigen Orte Europas, wo man mit Garantie ein Seemonster sehen kann.

Eine „lebensgroße" Replik des Ungeheuers von Loch Ness befindet sich im Park hinter der „Official Loch Ness Monster Exhibition" im Dörfchen Drumnadrochit am Loch Ness, Schottland.

Im Schwedischen Östersund finden sich zwei Statuen des Ungeheuers vom Storsjo, dem Storsjöodjuret – eine aus Holz im Park und eine weitere, sehr abstrakte aus Metall am Seeufer: eine sich windende Schlange.

Am Ufer der Bulwagga Bay im großen Lake Champlain bei Port Henry, New York, zeigt eine amtliche Hinweistafel seit 1981 alle Meldungen an, die vom Ort aus von dem Seeungeheuer Champ gemacht wurden. Am ersten Samstag im August feiert die Stadt zudem einen Seeungeheuer-Tag – den „Annual Champ Day“.

Am Ufer des Lake Okanagan, im Kerry Park von Kelowna in der kanadischen Provinz British Columbia, steht das grellbunte Denkmal für Ogopogo, das Monster des Sees (Adresse: Abbott St., Kelowna). Das etwa sechs Meter lange Ungeheuer reckt seinen grünen Drachenhals in die Höhe, dahinter winden sich zwei gewaltige Schlingen mit gezahntem Rückenkamm aus dem Gras. Ob ironisch gemeint oder nicht – der Drache streckt dem Besucher eine rote Zunge entgegen.

Ebenfalls Ogopogo gewidmet ist eine offizielle Hinweistafel der Provinzregierung am Squally Point, Lake Okanagan: „Dies ist die Heimat Ogopogos.“

Issie (Ischy ausgesprochen) ist das Ungeheuer des Lake Ikeda auf der Insel Kyushu in Japan. Der See, vierzig Kilometer südlich von Kagoshima gelegen, füllt eine vulkanische Caldera, ist bis zu 135 Meter tief und hat eine Fläche von 115 Quadratkilometern. Dem Monster sind entlang des Seeufers mehrere Denkmäler gewidmet: ein riesiger weißer Saurier aus Beton und eine große graue Statue mit Entenschnabel und Dinokörper.

Seil

Ein Seil aus Kokosnussfasern ist zwar schwächer als ein traditionelles Seil aus Hanf oder Sisal, ist aber weniger anfällig im Salzwasser und um vieles dehnbarer als herkömmliche Seile (ein Seil von vier Zentimetern Durchmesser lässt sich bis auf einen Durchmesser von nur noch einem Zentimeter dehnen). Deshalb verwendeten die alten Seefahrer im Sturm Haltseile und Ankerseile aus Kokosfasern.

Sicherheitsnadel

Die Sicherheitsnadel wurde im Jahre 1849 von dem Amerikaner Walter Hunt (1796–1859) aus dem Staat New York erfunden. Hunt machte noch mehrere Erfindungen, die uns bis heute begleiten, darunter der Füllfederhalter, das Dreirad, die Straßenkehrmaschine und der etwas seltsam klingende „künstliche Stein".

Siebenschläfer

Der berühmte, wetterentscheidende Siebenschläfertag ist nach den heiligen sieben Schläfern benannt, der Legende nach Christen aus Ephesos in der heutigen Türkei, die sich vor der Christenverfolgung durch den Kaiser Decius (249–251) in eine Höhle flüchteten und dort ganze 195 Jahre schliefen, bis sie ihres Lebens wieder sicher waren. Eine der ausführlichsten Beschreibung der Geschichte findet sich übrigens nicht in christlichen Quellen, sondern im Koran: Sure 18, Die Höhle, ist den Siebenschäfern gewidmet.

Silvester

In Deutschland lässt man Böller krachen und Raketen steigen. In Italien wirft man um Mitternacht Geschirr aus dem Fenster. In Argentinien werden am 31. Dezember alte Unterlagen und Papiere zu Konfetti verarbeitet und aus den Fenstern geworfen. In Brasilien steckt man weiße Kerzen an oder wirft Blumen ins Meer. In Griechenland isst man gemeinsam das sogenannte Basiliusbrot, in das eine Glücksmünze hineingebacken wurde. In Israel, Chile und Spanien tragen Männer rote Unterhosen und Frauen rote Dessous – das soll im neuen Jahr Liebesglück bringen. In Spanien isst man beim mitternächtlichen Glockenschlag zu jedem Ton eine Traube. Schafft man das nicht, bringt das neue Jahr Unglück!

Sitten

Andere Länder, andere Sitten In Griechenland schüttelt man mit dem Kopf, wenn man ja sagen will (das wird „Ne" gesprochen), nicht aber, wenn man etwas ablehnt. Daumen und Zeigefinger, zum Ring geschlossen, bedeuten nicht OK, sondern stellen eine Beleidung dar.

Umverteilung von oben nach unten Die Indianernationen entlang der nordwestlichen amerikanischen Pazifikküste, also im südlichen Alaska und im kanadischen British Columbia, darunter die Kwakiutl von Vancouver Island, feierten das sogenannte Potlatch-Fest. Potlatch war ein Wettbewerb, welcher unter den reichen Häuptlingen das verschwenderischste Fest mit den meisten Geschenken an Lebensmitteln, Kleidung und Geld feiern konnte – kurz: wer sich stärker ruinierte. Manche Häuptlinge fackelten, um die Konkurrenten zu toppen, sogar ihr Haus ab. So wurde niemand zu mächtig – und niemand musste hungern.

Smithee, Alan

Warum nur hat der Hollywood-Regisseur Alan Smithee so viele unterschiedliche, aber stets mittelmäßige bis schlechte Filme abgedreht? Die Antwort ist einfach: Regisseure wählen das Pseudonym Alan Smithee immer dann, wenn sie mit dem fertigen Film (und den Eingriffen der Produzenten) nicht einverstanden sind. Zum ersten Mal benutzt wurde der Name 1968 bei dem Western „Death of a Gunfighter" (Frank Patch – Deine Stunden sind gezählt). Aufgedeckt wurde das Spiel 1997 in dem Film „An Alan Smithee Film: Burn Hollywood Burn" (Fahr zur Hölle Hollywood). Regisseur des Streifens war – wie sollte es anders sein – Alan Smithee.

Sommer

Auf der Nordhalbkugel der Erde dauert der astronomische Sommer im Jahr etwa eine Woche länger als auf der Südhalbkugel.

Sonne

Würde man in einem Auto mit achtzig Kilometern in der Stunde den Sonnenäquator entlangfahren (natürlich mit Klimaanlage), dann dauerte es sechs Jahre und drei Monate, bis die ganze Sonne umrundet wäre. Das gleiche Unterfangen am Erdäquator bräuchte für eine Umrundung aber nur zwanzig Tage.

Sonnensystem

Unsere Sonne – und damit das gesamte Sonnensystem – kreist mit rund 250 Kilometern in der Sekunde um den Mittelpunkt unserer Galaxie, die Milchstraße.

Zu den Kleinplaneten zwischen Mars und Jupiter zählen Ceres, Vesta, Pallas, Juno, Asträa, Eros, Alinda, Ganymed, Apollo, Amor, Adonis und Tausende andere. Zu den Kleinplaneten jenseits des Neptuns zählen unter anderem Pluto, Eris, Makemake, Haumea, Sedna, Ixion, Varuna und Quaoar.

Spaghetti

Der vielleicht berühmteste Aprilscherz des Fernsehens, die ausführliche Reportage über die Schweizer Spaghetti-Ernte, stammt vom britischen BBC und wurde erstmals am 1. April 1957 ausgestrahlt. Das seriöse Magazin *Panorama* berichtete darüber, wie die Nudeln im Tessin langsam am Baum reifen, und Spaghetti-Bauern erzählten dem Moderatoren Dimbleby von ihrer großen Angst, späte Fröste könnten die Nudeln am Ast erfrieren lassen.

Spatzen

Jedes Jahr lässt das United States Department of Agriculture, das amerikanische Landwirtschaftsministerium, mehr als vier Millionen Spatzen vergiften.

Specht

Warum kriegt ein Specht keine Kopfschmerzen oder eine Gehirnerschütterung, wenn er so wild gegen einen Baum klopft? Immerhin (wer immer das gezählt hat) hämmert der Vogel jeden Tag den Kopf rund 12 000-mal gegen hartes Holz. Im Oktober 2006 meldete die Fachzeitschrift *Nature*, der Aufprall des Schnabels gleiche einem Schlag mit 25 Stundenkilometern gegen eine Betonwand, der Specht bremse kurz vorher ab mit einer Kraft, die die auf landende Astronauten wirkende Kraft um mehrere hundert Male übersteige. Der Specht überlebt, weil sein Gehirn nicht in Flüssigkeit schwimmt, sondern praktisch fest gegen den Schäfel gepresst ist und bei den Schlägen nicht geschleudert wird. Den Schnabel selbst packen zahlreiche feste Muskeln, die sich kurz vor jedem Aufprall straffen. Zudem schnellt der Vogel nicht den Kopf am Hals vor, sondern klopft praktisch mit einer Bewegung des ganzen Körpers. Aber so ganz traut der Specht der Sache nicht: Eine Millisekunde, bevor der Schnabel auf den Baum trifft, schließt er seine Augen, um sie zu schützen.

Spielkartenmuseum

Seit 18. August 1982 gibt es das Spielkartenmuseum Leinfelden-Echterdingen, das – Spielkarten ausstellt. Adresse: Schönbuchstraße 32, 70771 Leinfelden-Echterdingen.

Spinnennetz

Wen es vor Spinnennetzen in der Zimmerecke graust, sollte nicht weiterlesen: Das größte Spinnennetz der Welt überzog im Oktober 2002 eine Wildkleewiese sechs Kilometer östlich von McBride im Robson Valley, British Columbia, Kanada. Es ersteckte sich über 24 Hektar.

Sponsoring

Das gab es schon in der Antike. Weil die Theateraufführungen zu Ehren des Gottes Dionysos im Frühjahr, auf denen Dichter ihrer neusten Werke vorstellten, immense Summen verschlangen, übernahmen beispielsweise in Athen ab Anfang des fünften vorchristlichen Jahrhunderts die sogenannten Choregen die Bezahlung der Chöre. Jedes Jahr wurde ein Gewinner gekürt, der Sponsor des siegreichen Werkes durfte sich ein großzügiges Denkmal setzen. Eine Chance, die aufstrebende Politiker gern nutzten – Theatersponsoring als Wahlpropaganda!

Sport

Auf dem Ätna, dem mit 3343 Metern höchsten Vulkan Europas, gibt es ausgedehnte Wintersportgebiete.

Beim vielleicht extremsten Marathonlauf der Welt, dem „Tenzing Hillary Everest Marathon", müssen die Teilnehmer 3000 Höhenmeter überwinden. Ausgangspunkt ist das Basislager der Bergsteiger für den Mount Everest 5356 Meter über dem Meer.

Die ersten modernen Olympischen Spiele fanden 1896 in Athen statt. Dort gab es noch keine Goldmedaillen: Der Sieger erhielt eine Silbermedaille, einen Olivenzweig und eine Urkunde, der Zweitplatzierte eine Bronzemedaille, einen Lorbeerkranz und eine Urkunde; der Dritte ging leer aus bzw. erhielt – wie alle weiteren Teilnehmer – eine Gedenkmedaille für das Dabeigewesensein.

Tauziehen war zwanzig Jahre lang, von 1900 bis 1920, eine olympische Sportart.

mens sana in corpore sano Wir alle kennen den Spruch: „In einem gesunden Körper wohnt ein gesunder Geist." Gemeint hat es der Urheber dieser Redensart, der bissige römische Satiriker Juvenal (1./2. Jh. n. Chr.) aber andersherum – so wäre es oft genug gerade nicht: „Aber damit du was hast, worum du betest, weshalb du vor dem Schreine die Kutteln und göttlichen Weißwürste opferst, sollst um gesunden Geist in gesundem Körper du beten." (Satiren 10,356)

Sprache

Alle in Europa gesprochenen Sprachen gehören zur indoeuropäischen Sprachfamilie – mit Ausnahme von Türkisch, Baskisch, Finnisch, Estnisch, Lappisch und Ungarisch.

Baskisch ist die europäische Ursprache, die vermutlich von den altsteinzeitlichen Eingeborenen Europas gesprochen wurde.

Eine Sprache namens Spanisch gibt es nicht. In Spanien spricht man vier verschiedene Sprachen, nämlich Baskisch, Galizisch, Katalanisch und Kastilisch. Kastilisch (Castellano) nennt man nur außerhalb seines Landes „Spanisch".

Eine slawische Sprache wird, wenn das Volk katholisch ist (wie in Polen, Tschechien, der Slowakei, Slowenien und Kroatien), mit lateinischen Buchstaben geschrieben. Ist ein Volk orthodox, dann wird die Sprache mit den aus den griechischen stammenden kyrillischen Buchstaben geschrieben.

Bei keltischen Sprachen ändern sich Anlaut und Endung eines Wortes entsprechend seiner Lautumgebung im Satz. Ein Wörterbuch des Bretonischen erklärt daher, dass man ein Wort, das man unter K nicht findet, gern bei C'H oder G suchen kann; ein Wort mit P auch bei F, B oder V; ein Wort mit T unter Z oder D. Gilt für Wörter mit z. B. D natürlich auch umgekehrt. M und V sind unterschiedliche Schreibweisen, ebenso GW und W.

Das in der französischen Bretagne gesprochene Bretonisch ist ein Dialekt des Walisischen.

Der Sprachforscher Charles Kay Ogden (1889–1957) entwarf ein auf 18 Verben und 850 Wörter reduziertes Englisch, das Basic English. Gesprochen hat es nie jemand.

Die Sprache der Azteken nannte sich Nahuatl; der Name des letzten Kaisers der Azteken, Montezuma, hieß auf Nahuatl Motēcuhzōma Xōcoyōtzin.

Aztekisch Sprach – schwere Sprach Für uns sind die Namen der aztekische Götter reine Zungenbrecher: Testen Sie mal Chalchiuhtlatonal (sprich Tschaltschiwtlatonal), der Wassergott, Chalchiuhtecolotl (sprich Tschaltschiwtekolotl), der Gott der Nachteulen, den Unterweltgott Chalmecatecuchtli (sprich Tschalmekatekwtschli) oder den Haupt- und Sonnengott Huitzilopochtli (sprich Witzilopotschli). Natürlich die meisten Buchstaben hat der Gott des Überflusses Macuilcozcacuauhtli (sprich Makwilkothkaqwautli).

Squaw

Das indianische Wort Squaw bedeutet nicht, wie die europäischen Siedler glaubten, einfach Frau, sondern es handelt sich um einen derben Ausdruck für die weiblichen Genitalien. Am 6. Juni 2000 beschloss daher der US-amerikanische Bundesstaat Oklahoma, das Wort Squaw aus Gründen der *political correctness* aus allen offiziellen Ortsnamen wie Squaw Creek oder Squaw Bridge zu tilgen. Oklahoma folgte damit den Bundesstaaten Minnesota, Montana und Maine, die das üble Wort längst aus ihren Atlanten gestrichen hatten.

Squonk

Der Squonk ist ein Fabeltier der amerikanischen Trapper in Pennsylvanien. Es ist so fürchterlich hässlich und entstellt, dass es aus Selbstmitleid weint, bis es sich in einer Pfütze aus Tränen aufgelöst hat.

Stadt

Die ersten Städte Europas wurden vor 7500 Jahren im Gebiet der sogenannten Donaukultur gegründet – 2000 Jahre vor der ersten Stadt in Sumer. Am größten waren die ringförmigen Siedlungen beim heutigen Majdanec'ke mit 7500 und die nahe Tallyanky mit rund 10 000 Einwohnern. Beide Metropolen lagen nordöstlich des Bug in der Ukraine.

Statue

Die kupferne Freiheitsstatue im Hafen von New York ist 46,05 Meter hoch, die Entfernung vom Fuß des Sockels bis zum Fackelende beträgt sogar 92,99 Meter. Jeder Zeigefinger ist 2,44 Meter lang.

Carl der Große Die Statue des heiligen Carlo Borromeo bei Arona am Lago Maggiore, der sogenannte San Carleone, wurde Ende des 17. Jahrhunderts errichtet und ist mit 23 Meter Höhe (inklusive des Sockels sogar ganze 34,50 Meter) die größte Menschenstatue Europas. Allein der Arm misst neun Meter Länge, der Daumen ist immerhin noch 1,40 Meter lang mit einem Meter Umfang. Der Riese besteht aus Bronzeteilen und ist begehbar: Aus Nase, Mund und Augen hat man herrliche Aussichten auf den oberitalienischen See.

Steine, schwimmende

Der See Riwalsar im indischen Bundesstaat Himachal Pradesh ist legendär für die sieben Riesenfelsen, die in ihm schwimmen sollen. Der See ist den tibetischen Buddhisten heilig, und die Sikhs feiern dort alljährlich ihr Baisakhi-Fest.

Straßenlaternen

Im Jahre 1673 führte Hamburg erstmals die öffentliche Straßenbeleuchtung ein – mit vierhundert Öllaternen zum Preis von jeweils sechs Reichstalern. 1678 waren es bereits tausend Laternen.

Strauß

Bei den Straußenvögeln (Rheas in Südamerika, Strauße in Afrika, Emus in Australien, Kasuare in Australien und Neuguinea, Moas und Kiwis in Neuseeland) brütet das Männchen die Eier aus.

Ein frisch gelegtes Straußenei ist die größte Zelle, die es zurzeit auf der Welt gibt.

Von allen heute lebenden Landtieren hat der afrikanische Strauß die größten Augen. Sie können bis zu fünf Zentimeter im Durchmesser betragen und werden von Wimpern gerahmt, die eigentlich spezialisierte Federn sind. Weil es so groß ist, ist das Straußenauge sogar größer als das Straußenhirn!

Ein Ei des Riesenstraußes Aeptyornis aus Madagaskar fasst 148 herkömmliche Hühnereier.

Am häufigsten unter den sechs Moa-Gattungen Neuseelands war der *Anomalopteryx*.

Streichholz

Ein Streichholz kann eine Million Bäume verbrennen … aber wie viele Streichhölzer ergibt eigentlich ein Baumstamm? Aus einem durchschnittlichen Baum können rund eine Million Streichhölzer gewonnen werden. Eine schwedische Espe allerding ermöglicht nur die Produktion von 400 000 Hölzchen.

Stubenfliege

Die durchschnittliche Lebenserwartung einer Stubenfliege beträgt – wenn sie nicht mit der Klatsche zermatscht wird oder am Fliegenfänger kleben bleibt – 75 Tage.

Stummfilme

Stummfilme kamen noch nicht aus Hollywood. Die Filmmetropole der Welt hieß zwischen 1910 und 1920 Jacksonville in Florida. In dieser ersten Filmstadt der USA gab es über dreißig Studios, bis die Industrie in das damals noch ländliche Hollywood in Kalifornien zog.

Tabak

Jeder weiß, dass der englische Seefahrer Sir Walter Raleigh (geb. um 1552) den Tabak nach Europa brachte. Doch das stimmt nicht – bereits 1498 wurde einer von Kolumbus' Matrosen in Barcelona verhaftet, weil er öffentlich auf der Straße rauchte. Der erste Raucher Englands ist 1556 in Bristol aktenkundig geworden. Man hielt ihn für besessen, weil Rauch aus seiner Nase kam.

Der englische Gewaltherrscher Oliver Cromwell (1599–1658) ließ 1652 den Anbau von Tabak in England verbieten. Das Gesetz wurde erst 1910 wieder aufgehoben.

Tag, ödester

Der britische Forscher William Tunstall-Pedoe aus Cambridge hat mit Kollegen untersucht, welches der ödeste Tag des 20. Jahrhunderts war. Dazu analysierten die Forscher über 300 Millionen Ereignisse aus aller Welt sowie Geburts- und Todestage, die sie im Internet fanden. Ergebnis: Am ödesten war es am 11. April 1954, zu diesem Tag lagen die wenigsten (und – möchte man meinen – wohl auch langweiligsten) Meldungen vor.

Talkshow

Der erste Talkshow im deutschen Fernsehen flackerte am 18. März 1973 über die Bildschirme – „Je später der Abend" mit Dietmar Schönherr.

Sechs Jahre lang war der Hamburger Satiriker Wulf Beleites Dauergast in Talkshows – von „Arabella" über „Sonja" bis „Punkt 12" bei RTL. Grund für die Einladungen: Hundefreund Beleites log die Sender an, er sei der Herausgeber des Magazins *Kot und Köter – Zeitschrift für den Deutschen Hundefeind*. Das Heft, das angeblich dreihundert Stammleser hatte, drucke chinesische Hunderezepte ab. Eingeladen wurde der Mann immer, nachgeprüft (und dabei herausgefunden, dass es das Heft gar nicht gab) hat nie jemand. Selbst seriöse Tageszeitungen berichteten schließlich über den bösen Hundehasser aus der Hansestadt.

Tanga

2011 wurde der Tanga dreißig Jahre alt. Das Wort Tanga für eine recht knappe Bikinihose stammt von der brasilianischen Bezeichnung für Lendenschurz, *tupi tanga*, ab. Als Erster brachte das Badehöschen unter diesem Namen der kalifornische Designer Frederick Mellings auf den Markt.

Tauben

Tauben in London fahren U-Bahn, benutzen bestimmte Routen und steigen dort aus, wo sie möchten.

Tausendfüßler

Ein Tier namens Tausendfüßler gibt es nicht – Tausendfüßler sind eine ganze Klasse der Gliederfüßler. Und wie viele Beine haben sie tatsächlich? Jedenfalls keine tausend, aber nahe dran – die Art mit den meisten Beinen ist *Illacme plenipes*, sie hat 750 Beine.

Technik

Im Durchschnitt verfügt jeder deutsche Haushalt über sieben Fernbedienungen und rund fünfzig elektronische Geräte. Das ergab eine Untersuchung des Hightech-Verbandes Bitkom in Berlin im September 2011.

Telefonbuch

Das erste deutsche Telefonbuch erschien am 14. Juli 1881 in Berlin unter dem Titel *Verzeichnis der bei der Fernsprecheinrichtung Betheiligten*.

Die Einträge in isländischen Telefonbüchern sind alphabetisch (wie sonst?), aber nach Vornamen sortiert. Das kommt daher, dass es in Island keine Nachnamen in unserem Sinne gibt. Als „Nachnamen" tragen Isländer und Isländerinnen den Namen des Vaters mit der hinzugefügten Endung „Tochter" *-dóttir* oder „Sohn" *-son*.

Telefonzelle, einsamste

In längst vergangener Zeit, als es noch Telefonzellen gab, hatte die australische Telecom den gesetzlichen Auftrag, jedem Bürger Australiens Zugang zu einer Telefonzelle zu ermöglichen. Also wurde 1991 für eine halbe Million Euro mitten in der Gibson-Wüste ein Telefonhäuschen errichtet. Es wurde nie benutzt.

Tempel

„Wat Lan Kuad", der „Temple of a Million Bottles", 650 Kilometer von Bangkok in der thailändischen Provinz Sisaket gelegen, wurden von buddhistischen Mönchen (die selbst keinen Alkohol trinken) aus 1,5 Millionen leeren alten, grünen und braunen Bierflaschen errichtet.

Tennis

Tennis wurde zuerst im 14. Jahrhundert von Mönchen mit der bloßen Hand gespielt, später mit Lederhandschuhen, schließlich mit Schlägern. Ab dem 16. Jahrhundert wurde Tennis im französischen Hochadel als „Jeu de paumme" beliebt, das Spiel mit der Handfläche. Der Ball würde mit dem Ruf „Tenez!" angeschlagen, das heißt „Spiel!", und somit als „royales – später reales, also echtes – Tennis" bekannt. Den Erzfeinden stahl das Spiel 1874 der englische Major Walter Wingfield, er stellte präzise Regeln auf und ließ sich diese rechtlich schützen. Und seitdem gibt es unser modernes, mit England assoziiertes Tennis, obwohl sich manches mittlerweile geändert hat: So ließ Wingfield noch auf sanduhrförmigen Plätzen spielen.

Teufelskreis

siehe Endlosschleife

Theater, ödestes

Scheintot Was kann man tun, wenn es im Theater langweilig wird, auf das Verlassen der Veranstaltung aber die Todesstrafe steht? Der römische Historiker Sueton berichtet, bei den Gesangsauftritten des despotischen Kaisers Nero habe niemand das Theater verlassen dürfen, auch nicht in den dringendsten Fällen. Frauen hätten während seiner Darbietungen Kinder zur Welt gebracht, aber manch vornehme Römer hätten sich zu helfen gewusst: „Viele von den Leuten, die genug davon hatten, Nero anzuhören und zu bewundern, stellten sich tot, damit sie als Leichen aus der Stadt getragen wurden." (Sueton: *Nero*, 23)

Tieransammlungen

Warum reden wir von einer Schule Delfine, aber von einer Herde Antilopen? Rudel und Schulen sind kleine Gruppen Tiere, die oft miteinander verwandt sind, Herden sind oft groß und bestehen aus einzelnen Unterverbänden, ein Schwarm ist noch umfangreicher, ein Staat ist ein straff durchorganisiertes Gebilde mit Hierarchien und klarer Arbeitsteilung. Die Fachbegriffe für unterschiedliche Tieransammlungen lauten: Gesperre (Fasanen); Herde (Emus, Hirsche, Elefanten); Kette (Rebhühner); Kolonie (Dachse und Bakterien); Rotte (Wildschweine); Rudel (Wölfe, Seehunde); Schar (Gänse); Schule (Wale); Schwarm (Fische, Vögel, Insekten); Staaten (Ameisen, Termiten) oder Volk (Bienen).

Nicht nur Bienen, Termiten, Ameisen und Wespen bilden Völker oder Staaten, auch manche Würmer und Garnelenarten tun das. Unter den Säugetieren lebt nur eine Art (außer dem Menschen) in Staaten von 20 bis 300 Tieren, der Nacktmull (*Heterocephalus glaber*), ein Nagetier.

Tiere

Im Jahre 1817 kannte die Wissenschaft 386 Spezies von Säugetieren, 1886 rund 2300 und 1983 bereits über 13 000. Mitte des 19. Jahrhunderts zählte man 765 Arten von Vögeln, 1939 schon 28 000.

Tintenschnecken

Tintenschnecken unterscheidet man wie folgt: Der Oktopus hat acht Arme, der Kalmar acht kurze Arme und zwei lange Tentakel, der Sepia oder Tintenfisch zehn gleich lange, kurze Arme.

Tischsitten

Andere Länder, andere Tischsitten. In Großbritannien setzt man sich in einem Restaurant nicht hin, bis man einen Platz zugewiesen bekommt – alles andere ist unfeines Benehmen. In Spanien wirft man Schmutz auf den Boden, der regelmäßig gefegt wird. In den USA wird das Essen erst klein geschnitten und dann gegessen, in Japan schlürft man, um dem Koch ein Kompliment zu machen. Im Land der Sonne darf man die Stäbchen auch nicht kreuzen, es sei denn, man befindet sich bei einem Leichenschmaus. In arabischen Ländern und Indien ist der Gebrauch der unreinen linken Hand ein Tabu, das nicht verletzt werden darf.

Todesarten

Der deutsche Autor Josef Anton Keller sammelte für sein 1890 in Mainz erschienenes Buch *Vierhundertvierzig merkwürdige und seltene Todes-Arten* genau das, was im Titel steht. Darunter waren Fälle von Menschen, die von einer Kuh ins Wasser gezogen wurden, die an einer verschluckten Blindschleiche erstickten oder von einem Fisch erschossen wurden.

In Kanada sterben jedes Jahr mehr Menschen durch Angriffe von Elchen als durch Attacken von Bären.

Toilette

Dass das „stille Örtchen" in der Öffentlichkeit „00" beschildert wird, kommt daher, dass im 19. Jahrhundert Hotels meist nur Etagentoiletten hatten. Da die Nummerierung der Zimmer am Treppenhaus beginnt, wo sich als Erstes das Gemeinschaftsklo befand, erhielten Toiletten die Nummer „00".

Bei irischen Toiletten bedeutet „Fir" Männer und „Mná" Frauen.

Tomate

Woher kommt Ausdruck „treulose Tomate“? Das weiß niemand, aber es wird vermutet, dass sich der Ausdruck entweder auf den Abfall der Italiener als deutsche Verbündete im Ersten Weltkrieg bezieht oder dass Tomate eine Verballhornung von „tommy“, dem Scherzausdruck für englische Soldaten, ist. Die „treulose Tomate“ wäre demnach ursprünglich ein antibritisches Schimpfwort gewesen. Ob Tomaten als Pflanze ihrem Partner häufig untreu werden …

Totempfahl

Ein Totempfahl war weder ein religiöser Gegenstand noch ein Marterpfahl, sondern eine Urform des Werbeplakats. Er steht auch nur vor den großen Dörfern der Indianer im pazifischen Nordwesten Amerikas. Der gigantische, mit Bildern über und über bedeckte Baumstamm verherrlichte die Ahnen und die Macht der Häuptlinge der Nation der Kwakiutl und wurde außerhalb des Dorfes an der Küste aufgestellt, damit Händler, die mit ihren Kanus das Meer befuhren, wussten, wo sie finanzkräftige Handelspartner finden konnten.

Traum

Jeder Mensch träumt – wenn er schlafen kann – rund vier Mal pro Nacht, und ein Traum dauert im Durchschnitt etwa zwanzig Minuten.

Trauma

Der Psychologe Dr. Kenneth Olson entdeckte bei seiner Patientin Ms Nadean Cool 120 unterschiedliche Persönlichkeiten – darunter die einer Ente – und verlangte dann die Bezahlung für eine Gruppentherapie! Die Krankenversicherung klagte im Februar 1997 gegen die Rechnung, Olson musste seiner Patientin 2,4 Millionen Dollar Schadensersatz wegen Verursachung eines Traumas zahlen.

Trojanisches Pferd

Das Trojanische Pferd, in dem sich die griechischen Kämpfer verstecken, um die lange belagerte Feste doch noch zu erobern, kommt in der *Ilias*, Homers Epos vom Trojanischen Krieg, überhaupt nicht vor.

Truman-Show-Störung

Wer an dieser Störung leidet, glaubt – irrtümlich –, er sei Hauptdarsteller einer Show im Reality-TV und sein Leben werde von Kameras überwacht. Kanadischen Psychiater fanden zwischen 2002 und 2004 fünf Patienten mit dieser Störung – übrigens sämtlich weiße Männer.

Tsunamis

Tsunamis gibt es nicht nur in weit entfernten Meeren, sondern auch mehrmals im Jahr an den europäischen Küsten – und in unseren Seen. Alleine im Vierwaldstätter See gab es zerstörerische Tsunamis am 18. September 1601, am 23. September 1687, 1964 und am 20. Juni 2007. Tsunamis, die kaum Zerstörung anrichteten, wurden im Herzen der Schweiz 1774, am 4. Dezember 1779, im Februar 1780, Ende 1794, 1800, am 14. Mai 1801 und am 29. Mai 1819 registriert.

Tulpe

Die Tulpe ist in Europa erst in der Neuzeit eingetroffen, die erste Erwähnung stammt aus dem Jahr 1549 und aus Italien. Tulpen waren so selten, dass mit ihnen spekuliert wurde: In den Niederlanden waren 1637 drei Zwiebeln 30 000 Gulden wert – dreimal so viel wie ein Palast an einer Amsterdamer

Gracht kostete. Das durchschnittliche Jahreseinkommen der Menschen lag damals bei 150 Gulden.

Turabose

Bei der Befindlichkeitsstörung Turabose, die nur in Saudi-Arabien vorkommt, fürchtet der Patient, er sei in einem heftigen Sandsturm unter Sand begraben.

Turing-Maschinen

Turing-Maschinen sind keine geländegängigen Motorräder, sondern nach dem britischen Mathematiker Alan Turing (1912–1954) benannte, von ihm 1936 entwickelte Vorläufer des modernen Computers.

U-Boot

Am 2. März 2000 gab die schwedische Marine nach sechs Jahre dauernden, eingehenden Analysen zu, dass die angeblich von sowjetischen Unterseebooten stammenden Unterwassergeräusche, die man in den 1990ern in der Schärenlandschaft vor Stockholm geortet hatte, tatsächlich von Heringen mit Blähungen stammten. Untersucht wurde das, indem man tote Heringe aufblies, sie unter Wasser tunkte und dann drückte wie eine Tube Zahnpasta.

U-Boot-Falle Helvetia

Die Schweizer Gebirgsmarine ist natürlich ein Scherz. Dennoch ereigneten sich im Januar 1965 innerhalb von einer Woche zwei U-Boot-Unfälle in der Schweiz. Der erste am 16. Januar 1965, als das U-Boot „Tigerhai“ im Lago Maggiore mit dem tragischen Verlust von zwei Menschenleben sank, der zweite am 20. Januar 1965, als ein Rettungs-U-Boot auf dem Weg nach Locarno bei einem Unfall auf der Autobahn beschädigt wird.

UFO

Die erste fliegende Untertasse, die je beschrieben wurde, stammt aus dem Buch *Gullivers Reisen* des irischen Satirikers Jonathan Swift (1667–1745). Die Gelehrtenrepubik Laputa (span.: die Hure) ist eine fliegende, kreisförmige, 4000 Hektar große Insel.

Die größte Zahl von UFO-Sichtungen, die je innerhalb von einem Jahr über Deutschland gemeldet wurden, betrug 1600 Einzelfälle, und zwar 2008. Die Ursache war aber nicht, dass unser Heimatplanet plötzlich in einem intergalaktischen Reiseführer empfohlen wurde, sondern, dass Tausende von Leuten günstige, aus Reispapier gefertigte chinesische Miniaturballone kauften – und starteten.

Im Oktober 1988 „enthüllte" ein anonymer amerikanischer Regierungsagent unter dem Pseudonym „Falcon" in einer in den USA landesweit ausgestrahlten TV-Sendung, dass die US-Regierung auf einer Geheimbasis in Nevada mit Außerirdischen zusammenarbeitet. Die Lieblingsspeise der ETs ist Gemüse, ihre Lieblings-Eiscremesorte Erdbeer.

UFO-Denkmäler

Jeden Tag wird irgendwo auf der Erde eine fliegende Untertasse gemeldet. Meist bleibt nur ein Augenzeugenbericht. Es gibt dennoch eine verblüffend große Zahl von Orten in der ganzen Welt, an denen man den Besuchern aus dem All Denkmäler erbaut hat:

- 1963 wurde auf einer Lichtung in einem Wald bei Kronoskogen bei Ängelholm in Schweden das erste UFO-Denkmal Europas errichtet. Die in Beton gegossene fliegende Untertasse stellt in Originalgröße ein UFO dar, das der Eishockeyspieler Gösta Carlsson am 18. Mai 1946 an genau diesem Platz gesehen haben will.

• Am 10. Mai 1978 fuhr der Pole Jan Wolski bei Emilcin in einem Pferdekarren, als zwei „kleine, grüne Männchen" zu ihm auf den Bock sprangen und sich mit ihm in einer unirdischen Sprache unterhielten. Sie kamen zu einer Lichtung, auf der ein UFO parkte. Dort wurde 2005 eine moderne Stele errichtet, die an diese Sichtung erinnert.

• Das Stadtentwicklungsamt von Livingston, zwischen Glasgow und Edinburgh in Schottland gelegen, errichtete 1991 einen Findling mit einer Schrifttafel an der Stelle, an der Förster Robert Taylor am 9. November 1979 auf ein gelandetes UFO getroffen sein will, aus dem zwei minenartige Sonden kamen, die ihn angriffen und seine Hose zerrissen.

• Der US-Bundesstaat New Hampshire errichtete am 20. Juli 2011 eine Plakette, um den historischen Ort zu markieren, an dem am 19. September 1961 das Ehepaar Betty und Barney Hill von Außerirdischen entführt worden sein will. Die Stelle befindet sich vor Cabin # 20 am Indian Head Resort in North Lincoln, New Hampshire.

• Das lebensgroße Modell eines eichelförmigen UFOs, das am 9. Dezember 1965 bei Kecksburg in Pennsylvania abgestürzt sein soll, steht vor der örtlichen Feuerwache.

• Zum 50. Jahrestag der Sichtung eines außerirdischen Monsters bei Flatwoods, West Virginia, USA (am 12. September 1952), wurde im Jahr 2002 eine drei Meter hohe Keramikstatue des Weltraumungeheuers errichtet.

• Ein amtliches Hinweisschild des Staates Texas zeigt am Rande des Highway 90 zwischen Marfa und Alpine den Ort an, von dem aus man Geisterlichter am besten sehen kann.

UFO-Landebahn

Wenn uns Außerirdische jemals offiziell besuchen wollen, stehen ihnen weltweit zahllose, eigens für fliegende Untertassen angelegte Flughäfen zur Verfügung.

- Die UFO-Landebahn von Cocox Beach in Florida wurde Ende der 1960er Jahre errichtet. Sie ist neunzig Meter breit und dreihundert Meter lang.
- Der UFO-Port von Tuxtepec im mexikanischen Bundesstaat Puebla wurde 1983 erbaut.
- Zur 200-Jahr-Feier der Vereinigten Staaten im Jahr 1976 beschloss die Stadt Lake City am Erie-See im amerikanischen Bundesstaat Pennsylvania, für 6000 Dollar einen Landeplatz „für Raumfahrzeuge unbekannter Wesen aus dem All“ zu bauen. Das Geld sollte durch Spenden gesammelt werden. Immerhin waren in der Gegend schon öfters UFOs beobachtet worden, so Jim Meeder, der Organisator des Projekts. Der Landeplatz wird von drei Ketten roter, weißer und blauer Scheinwerfer umgeben sein.
- Im April 2002 erklärte Elcio Berti, der Bürgermeister der 10 000-Einwohner-Gemeinde Bocaiuva do Sul im südbrasilianischen Staat Parana, seine Stadt werde einen „UFO-Hafen“ bauen: „Wir wollen Leute aus dem gesamten Universum empfangen, sind für alles offen.“
- Wenn Aliens in tropischen Gefilden landen wollen, können sie die UFO-Landebahn bei Lajas in Puerto Rico benutzen. Die 2005 geplante Alien-Piste ist dreißig Meter lang und mit pyramidenförmigen Kontrolltürmen versehen.
- Und auch hier können UFOs landen! Im August 1976 eröffnete ein UFOport bei Ares in der Region von Bordeaux, Frankreich. Er wurde von dem Flughafentechniker Robert Cotten konzipiert, der meinte: „Wenn UFOs so selten landen, dann, weil es nirgends eine Landemöglichkeit für sie gibt.“ In seiner Ansprache zur feierlichen Eröffnung der Landebahn mit Windsäcken und Pistenbeleuchtung meinte der Bürgermeister des Ortes, bei der ersten dort landenden fliegenden Untertasse werde man kulanzhalber noch keine Landegebühren verlangen.

UFO-Museum

Das „International Ufo Museum & Research Center“ in Roswell, New Mexico, USA, öffnete im Herbst 1992 seine Pforten. Es zeigt Nachbildungen von Räumen, in denen sich angeblich das Drama um einen Untertassen-Absturz 1947 zugetragen hat, Dioramen des Absturzortes nach unterschiedlichen Beschreibungen, und jede Menge Zeitungsausschnitte und Videos über außerirdische Raumschiffe, die geheimnisvolle Area 51, Kornkreise und Erich von Dänikens „Beweise“. Der Eintritt kostet für Erwachsene fünf Dollar, die Adresse lautet: 114 North Main Street, Roswell, New Mexico 88203.

Im Januar 2002 öffnete das UFO-Museum in Istanbul seine Pforten (Adresse: Istiklal Cad., Büyük Parmak Kapi Nr. 4). Der Kurator Haktan Akdogan stellt Modelle von UFO-Abstürzen, Entführungen durch Außerirdische und der sogenannten Alien-Obduktion aus, dazu Videos und Fotos. Der Eintritt beträgt rund zwei Euro.

In der argentinischen Stadt Villa General Belgrano, rund fünfhundert Kilometer westlich von Buenos Aires, widmet sich das „Museo OVNI“ (UFO-Museum) unseren außerirdischen Besuchern – Exponate zeigen Spuren der fremden Besucher aus archäologischen Fundstätten Lateinamerikas, geben Informationen über Reinkarnation und beantworten, so die Werbung, „wer die UFOs sind, woher sie kommen und zu wem sie fliegen“. Die Gegend ist seit Jahren für ihre hohe Rate an UFO-Sichtungen berühmt. In Argentinien gibt es sogar einen Fernsehsender, der rund um die Uhr über die neuesten Sichtungen von fliegenden Untertassen berichtet. Wer nicht an UFOs glaubt: Villa General Belgrano ist eine Gründung deutscher Auswanderer und berühmt für sein bayerisches Flair und seine „Torta Selva Negra“ – Schwarzwälder Kirschtorte.

Ungeheuer

Die erste auch in Zeitungen berichtete Sichtung von Nessie, dem Ungeheuer von Loch Ness, erfolgte im Sommer 1930; der erste Bericht über Bigfoot, die Riesenaffen Kaliforniens, stammt vom Oktober 1958, die erste fliegende Untertasse wurde am 24. Juni 1947 über dem Mount Rainier, Washington, USA, gesehen.

Unglück

In Afghanistan gilt 39 als Unglückszahl.

In Japan gilt die Zahl vier als Unglückszahl, weil sie „shi" ausgesprochen wird – und das klingt wie das japanische Wort für Tod. In Japan sterben deshalb mehr Menschen am 4. jeden Monats als an irgendeinem anderen Tag des Kalenders an Herzversagen, ergab eine Studie von Medizinern 2001 im *British Medical Journal*.

In Japan schläft man auch nie mit dem Kopf nach Norden ausgerichtet, weil so die Toten bestattet werden.

Bereits beim Bau der Titanic, deren Zusammenstoß mit einem Eisberg im Nordatlantik am 14. April 1912 Gegenstand unzähliger Bücher und Filme ist, kamen Menschen ums Leben. Im April 1912 gab die verantwortliche Werft von Harland & Wolff bekannt, beim Bau des Schiffes habe es acht Tote, 28 Schwerverletzte und 218 kleine Unfälle gegeben.

Urlaub

Wer keine Schlangen mag, sollte die Südseeinsel Guam meiden. Dort wurde im Zweiten Weltkrieg versehentlich eine Natterart (*Boiga irregularis*) eingeführt, die nicht nur sämtliche Vögel der Insel fraß, sondern sich auch prächtig vermehrte. Heute gilt Guam mit einer Dichte von bis zu 5000 Schlangen je Quadratkilometer als die schlangenverseuchteste Region der Welt.

Einen Urlaub in Quito sollte man definitiv ruhig angehen lassen. Quito liegt auf 2800 Meter über Meereshöhe, dort ist die Luft bereits so dünn, dass ungeübte Europäer unter der Höhenkrankheit leiden. Gemeinhin kommt es bis zwölf Stunden nach der Ankunft zu Kopfschmerzen, Appetitlosigkeit, Übelkeit, Erbrechen und Schwellungen. Gegenrezept: besser gar nichts tun und viel trinken. Hotels halten Sauerstoffmasken bereit.

Da lieber keinen Urlaub machen Das feuchteste Gebiet der Erde ist erwiesenermaßen die Region um die indische Stadt Cherrapunji (Provinz Meghalaya) an der Grenze zu Bangladesch. Cherrapunji genießt zweimal pro Jahr den Monsunregen – von Juni bis September und noch einmal von November bis Februar. Gemessene Niederschlagsmenge: 11430,0 Millimeter pro Quadratmeter und Jahr.

Das lauteste Land der Erde Jedes Jahr zum „Internationalen Tag gegen den Lärm“ kann man es wieder lesen: Spanien ist nach Japan das lauteste Land der Welt. Nach einer Studie der Weltgesundheitsorganisation sind siebzig Prozent aller Spanier täglich einen Lärmpegel von mehr als siebzig Dezibel (dB) ausgesetzt, der Grenzwert, über den hinaus die Gesundheit geschädigt wird, liegt bei 65 dB.

Mantel einpacken Der Kältepol der Erde liegt – geht es um bewohnte Kontinente – auf dem nordostsibirischen Oimjakon-Plateau. Die tiefste dort berichtete Temperatur betrug –83,2 °C im Winter 1916. Nur in der Antarktis wird es zuweilen frostiger, zuverlässig wurden dort 1997 –91,5 °C gemessen.

Urlaub, esoterisch

Ausschlag wäre im Urlaub gut … Im Passauer Land können Touristen auf einem besonderen Fitness-Parcours ihre Fähigkeiten mit der Wünschelrute erproben. Deutschlands einziger Lehrpfad zum Rutengehen bei Kellberg-Thyrnau ist vier Kilometer lang und führt über ausreichend Wasseradern, damit die Rute ausschlägt – wenn man kein Grobmotoriker ist. Für die österreichischen Leser mit ähnlichen Neigungen empfiehlt sich der „Norisch-Geomantische Erlebnispfad“ von Eberstein bei der Saualpe in Kärnten mit positiven wie negativen Erdstrahlen, Wasseradern und einem „keltischen Baumhoroskop“ (von dem unsere Vorfahren sicher noch nichts ahnten).

Ursprungsland

Ob Kokosnuss, Banane oder Kaffee – wir assoziieren diese Pflanzen entweder mit Afrika, Südamerika oder der Südsee.

- Die Banane stammt ursprünglich aus der südostasiatischen Inselwelt. Bereits vorgeschichtliche Einwanderer brachten sie nach Madagaskar, als sie die Insel besiedelten, von dort gelangte sie nach Afrika. Nach Südamerika kam sie nach einer Zwischenstation auf den Kanarischen Inseln durch die Spanier. Die ersten Plantagen in der Karibik gründeten die Portugiesen 1502.
- Kaffee stammt aus Afrika und Arabien. Die ersten außerafrikanischen Plantagen legten die Niederländer auf Ceylon an, nach Amerika gelangte er erst durch die Holländer (1718) und Franzosen (1725).
- Kokosnüsse stammen wahrscheinlich aus Melanesien, sie stammen also tatsächlich aus der Südsee und wurden ebenfalls nach Amerika eingeführt.

Ven lärnoy püki votik, vödastok plösenon fikulis

Ven lärnoy püki votik, vödastok plösenon fikulis heißt „Lernt man eine andere Sprache, kann der Wortschatz schwierig sein“ in Volapük, der Kunstsprache, die der katholische Pfarrer Johann Martin Schleyer aus Baden in den Jahren 1879 bis 1880 entwickelte, um die weltweite Verständigung zu erleichtern. Innerhalb weniger Jahre gab es über 100 000 Sprecher, heute ist Volapük fast vergessen. Weitere Sätze, falls Sie auf andere Volapük-Sprecher stoßen: kömob – ich komme, okömob – ich werde kommen. Dann ins Englische wechseln.

Vergnügungsparks

Das Weihnachtsmann-Dorf in Rovaniemi, Finnland, ist seit 1985 das ganze Jahr über geöffnet – und Besucher können dem Weihnachtsmann ganzjährig die Hand schütteln. Ins angeschlossene „Weihnachtsmann-Postamt" werden Briefe aus aller Welt zugestellt, die an den Weihnachtsmann gerichtet sind.

Ursprünglich sollte der „Grūtas Park", rund 130 Kilometer südwestlich der litauischen Hauptstadt Vilnius in Druskininkai gelegen, zum Vergnügungspark „Stalin-Welt" werden, mit Bustransporten zum Gulag und anderen geschmackvollen Ideen. Heute allerdings beherbergt das 2001 von Viliumas Malinauskas gegründete Ausflugsziel nur noch Relikte der Kommunistenzeit, etwa 86 Statuen von sowjetischen und kommunistischen Politikern, darunter Lenin, Stalin und Karl Marx. Umgeben ist der Park nach wie vor mit einem von Wachtürmen überragten Stacheldrahtzaun.

Das „Creation Museum" erstreckt sich in Petersburg, Kentucky, USA, über zwanzig Hektar und zeigt in Modellen die biblische Schöpfungsgeschichten und den satanischen Einfluss der Evolutionstheorie. Lebensgroße Modelle stellen nach, wie die Dinosaurier in der Sintflut ersaufen – bis auf die wenigen Exemplare, die als Drachen bis ins Mittelalter überlebten. Im ersten Jahr nach der Eröffnung des Parks am 28. Mai 2007 pilgerten über eine halbe Million Besucher in das „Museum".

In Hidalgo, Mexiko, vermittelt der Parque EcoAlberto wohlhabenden Mexikanern für rund 15 Euro Eintritt einen

Eindruck davon, wie man sich als Flüchtling fühlt, der sich in die USA schmuggeln will. Eine Führung dauert vier Stunden, Besucher müssen durch Tunnel robben, Stacheldrahtzäune überwinden und einen „Grenzfluss“ durchschwimmen, während sie von Grenzwächtern mit Platzpatronen beschossen werden.

Verkehrsschild

Auf runde zwanzig Millionen wird die Zahl der Verkehrsschilder in Deutschland geschätzt. Bei einer Bevölkerung von 81 Millionen kommt also ein Schild auf je vier Einwohner! Im Schnitt alle 28 Meter steht ein Verkehrsschild am Straßenrand, mehr als 500 verschiedene Verkehrszeichen werden offiziell verwendet.

Versicherungen

Der berühmte Londoner Versicherungskonzern Lloyd's hat unter anderem die Hose eines Flamencotänzers vor dem Zerreißen während eines Auftritts, die Hände des Rolling-Stones-Gitarristen Keith Richards oder das Brusthaar des walisischen Schmusesängers Tom Jones versichert – sowie das berühmteste Hinterteil der Welt, Jennifer Lopez' Po.

Victoria, Queen

Stalker der Königin Stalking ist kein modernes Phänomen. Bereits 1841 wurde in Großbritannien ein alter Mann, der einer jungen Schönheit monatelang nachgestellt hatte, zu einer Gefängnisstrafe verurteilt. Zu Berühmtheit brachte es gar Edward Jones, der Stalker der Königin Victoria, der 1838 und 1840 mehrfach in den Buckingham Palast eindrang. Er ging dafür 1841 ebenfalls ins Gefängnis, nur um gleich nach seiner Entlassung der Königin erneut im Palast aufzulauern.

Victory
Lord Nelsons Schlachtschiff „Victory", das in den Historic Dockyards im englischen Portsmouth im Trockendock liegt, wurde so oft ausgebessert, dass heute die einzigen Originalteile die zwei Planken sind, auf denen der Seeheld am 21. Oktober 1805 bei der Schlacht von Trafalgar starb. Übrigens: Nelson litt zeit seines Lebens an heftiger Seekrankheit.

Vitamin C
Alle Säugetiere können das lebenswichtige Vitamin C selbst synthetisieren, mit Ausnahme von dreien, die es mit der Nahrung zu sich nehmen müssen: Meerschweinchen, eine indische Fledermausart – und wir Menschen.

Vögel, ungeschickte
Der Hoatzin, ein Vogel der Sümpfe Südamerikas, hat als Küken drei Krallen an den Flügeln. Die braucht das junge Ding, um sich ins Nest zurückzuziehen, denn kleine Hoatzins fallen überdurchschnittlich oft heraus!

Vollmond
Entgegen der weit verbreiteten Vorstellung werden an oder um Vollmond nicht mehr Kinder geboren als in jeder anderen Mondphase. Das hat der Soziologe Edgar Wunder (Heidelberg) anhand von statistischen Auswertungen von 40 000 Geburtsdaten sowohl aus europäischen Ländern als auch aus Entwicklungsländern und aus dem 19. Jahrhundert bewiesen. Und der Mathematiker Oliver Kuß von der Universität Halle bestätigte diese Feststellung anhand einer Analyse von mehr als vier Millionen Geburten in Baden-Württemberg zwischen 1966 und 2003.

Vorstellungsgespräch, Fehler

Die idiotischsten Fehler bei einem Vorstellungsgespräch waren im England des Jahres 2010 nach einer Erhebung der Website CareerBuilder folgende: Die Arbeitssuchenden schliefen während des Gesprächs ein, behielten ihren Motorradhelm auf, baten um eine Zigarette, fragten um Ratschläge für ihr Sexualleben oder nahmen während des Gesprächs ein Handytelefonat an.

Vulkane

Beim Ausbruch des Vesuvs am 24. August 79 n. Chr., bei dem Pompeji und Herculaneum verschüttet wurden, kamen 16 000 Menschen ums Leben.

Der für seine Extravaganz bekannte italienische Staatschef Silvio Berlusconi ließ im Garten seiner Villa an der Costa Smeralda auf Sardinien einen künstlichen Vulkan erbauen, der zum Vergnügen seiner Gäste zum 15. August 2006 ausbrach.

Die Menschheit produziert in knapp fünf Tagen so viel Kohlendioxid, wie sämtliche Vulkane der Welt in einem Jahr freisetzen. Der globale Ausstoß durch feuerspeiende Berge beträgt jährlich rund 250 Millionen Tonnen CO_2 – etwa 35 Milliarden Tonnen CO_2 setzt dagegen der Mensch im gleichen Zeitraum frei.

Vulkane in Deutschland

Der letzte große Vulkanausbruch Deutschlands ereignete sich um das Jahr 10 930 v. Chr., als der ganze Berg, dessen Ruine die Umgebung des Laacher Sees in der Eifel darstellt, explodierte. Noch jünger ist die Eruption des Vulkans vor 9000 Jahren, dessen Rest das Ulmener Maar ist.

Ein Maar ist kein Kratersee. Bei einem Kratersee füllt Regen einen Vulkankrater – ein Maar ist kein Vulkankrater, sondern das Ergebnis einer unterirdischen Explosion, bei der Grundwasser auf heiße Lava getroffen ist und der dadurch entstehende, unter Hochdruck stehende Wasserdampf den Erdboden darüber wegsprengt.

Der einzige aktive Vulkan Deutschlands befindet sich im Schlosspark von Wörlitz bei Dessau. Allerdings ist er künstlich, wurde zwischen 1788 und 1794 auf Veranlassung von Leopold Friedrich Franz von Anhalt-Dessau erbaut, der etwas wollte, was ihn an den Golf von Neapel erinnerte. Der feuerspeiende Berg ist 17 Meter hoch, seine Eruption erfolgt durch Feuerwerkskörper. Nachdem er lange untätig gewesen war, eruptiert er nach einer gründlichen Restaurierung seit dem 1. September 2005 wieder.

Der Ausbruch des Vulkans Tambora auf der indonesischen Insel Sumbawa 1815 stieß so gewaltige Mengen Asche in die Atmosphäre, dass im Sommer 1816 noch in Europa das Sonnenlicht nicht ausreichte, um das Getreide wachsen zu lassen. Es wurde weltweit ein Hungerjahr, die Weltdurchschnittstemperatur fiel um ganze drei Grad.

Geistervulkan im Breisgau Mit zahlreichen Einzelheiten beschrieben Bewohner des Dorfes Lipburg bei Freiburg, südlich von Badenweiler, am 9. März 1562 einen Vulkanausbruch mit Krater, züngelnden Flammen und ausgeworfenen Felsbrocken. Nur – da ist kein Vulkan, und der angebliche Ausbruch hat keinerlei Spuren hinterlassen!

Wahrsagen

Wenn Sie sich nicht auf den Wetterbericht oder die Börsenprognosen verlassen wollen, stehen Ihnen jede Menge anderer Hilfsmittel zur Verfügung, um die Zukunft vorherzusagen: Astragalomantie (Weissagen nach Sprungbein- oder Wirbelknochen von Schafen); Astrologie (die Zukunft aus dem Lauf der Gestirne vorhersagen); Chiromantie (Handlesekunst); Geomantie (die Zukunft aus Erdformationen deuten); Hepatoskopie (Leber- oder Eingeweideschau); Hippomantie (Wahrsagen nach dem Wiehern von Pferden); Kaffeedomantie (Kaffeesatzlesen); Omphalomantie (Vorausschau mittels des Aussehens des eigenen Nabels); Onychomantie (Weissagen nach dem Widerschein des Sonnenlichts auf den Fingernägeln); Ornithomantie (Vorausschau nach dem Vogelflug); Ovomantie (Weissagen aus Eiern); Psephomantie (Wahrsagen aus Kieseln in einer Quelle); Rhabdomantie (Wahrsagen mit Hilfe der Wünschelrute) und Tyromantie (Vorhersagen durch Käse). Für Discogänger schließlich lohnt sich die Beherrschung der Gyromantie, der Vorhersage aufgrund des Stammelns eines Menschen, der nach einem wilden Tanz völlig erschöpft ist.

Mehr Fehler als Treffer Das kanadische Medium Nikki Pezaro sagte für 2010 voraus: Riesenfledermäuse werden eine südamerikanische Stadt überfallen, Reptile El Paso in Texas überrennen, die Präsidentenmaschine Air Force One wird gekidnappt, ein Schiff wird mit einem Eisberg zusammenstoßen und Hilary Clinton erhält den Nobelpreis.

Selbst schuld! Selbst wenn die Vorhersage nicht eintrifft, muss man in Deutschland ein Medium bezahlen. Honorarverträge mit Hellsehern oder Wahrsagern sind, so erklärte der Bundesgerichtshof im Januar 2011, nur dann nicht gültig, wenn der Klient psychisch labil ist. Alle anderen sollten wissen, dass bei dieser Dienstleistung ein Erfolg nicht garantiert sei.

Währung

Bis weit in die 1950er Jahre hinein galt der österreichische Maria-Theresia-Taler von 1780 als einziges akzeptiertes Zahlungsmittel in Südarabien. Er hatte während des Osmanischen Reichs seinen Weg auf die Wüstenhalbinsel gefunden.

Der Vorsitzende der bulgarischen UFO-Gruppe Kontakt, Kiril Kanew, gab 2004 eine eigene Währung heraus, die den Handel zwischen Menschen und Außerirdischen ankurbeln sollte, den Galacto. Die Münzen sind längst geprägt und unter den Ufologen im Umlauf.

Die Zwei-Euro-Münze Finnlands zeigt auf der Rückseite die Sumpfhimbeere.

Im Juni 2006 warnte das US-Verteidigungsministerium seine Mitarbeiter vor „gefälschten Münzen“ mit Funksendern, die bei mehreren Mitarbeitern entdeckt worden seien. Es stellte sich heraus, dass es sich bei den Spionagemünzen um stinknormale kanadische 25-Cent-Münzen handelte, die den Geheimdiensten der USA offenbar nicht bekannt waren.

Banküberfall lohnt sich nicht Wer in den Inselstaat Yap in Mikronesien reist, sollte sich nicht als Taschendieb oder Bankräuber versuchen. Der Grund dafür, dass Geld zu stehlen insbesondere auf der Insel Ulithi wohl am schwierigsten ist, liegt in der Währung. Auf Yap zahlt man mit Rai. Dieses „Steingeld“ besteht aus hartem Mineral, die einzelnen Münzen sind Scheiben von bis zu vier Metern Durchmesser. Sie liegen unbewegt am Wegesrand. Wechselt das Geld seinen Besitzer, bleibt es einfach am Ort. Nur die Dorfältesten merken sich, wem die bestimmte Steinscheibe von nun an gehört.

Wald

Wälder erstrecken sich über rund ein Drittel der gesamten Erdoberfläche – aber jedes Jahr verschwinden ganze 13 Millionen Hektar Wald.

Wale

Ein Blauwal ist bis zu dreißig Meter lang und 150 Tonnen schwer. Ein Pottwal wiegt bei 18 Metern Länge rund fünfzig Tonnen. Allein sein Darm kann bis zu 250 Meter lang sein.

Fast alle Wale sind monogam – bis auf Pottwale, die in Herden zu mehreren Harems zusammenleben.

Wale weisen in ihrer (zugegebenermaßen speckigen) Hüftregion noch Reste der Beckenknochen und der Oberschenkel auf.

Wale haben weder eine Ohrmuschel noch einen äußeren Gehörgang.

Der Beluga oder Weiße Wal, der im Frühsommer 1966 den Rhein besuchte, gelangte bis nach Duisburg. Dort wurde er am 18. Mai 1966 gesehen.

Whale-Watching im Hamburger Hafen? Das ist so absurd nicht – jedenfalls statten Wale Hamburg regelmäßig Besuche ab: 1983 tauchte ein Beluga im Hamburger Hafen auf; im Juli 1993 wurde ein toter Beluga bei Wischhafen entdeckt; am 14. Oktober 2003 sogar ein Finwal, zwölf Meter lang und 13,3 Tonnen schwer, ebenfalls verendet, im Hamburger Hafen; schließlich tauchte im April 2005 eine Schule Tümmler in der Elbe bei Hamburg auf.

Wales

In Wales müssen alle Verkehrsschilder zweisprachig sein: auf Walisisch und English. Für Radfahrer besonders verwirrend war ein Verkehrszeichen, das zwischen Penarth und Cardiff stand: „Llid y bledren dymchwelyd“ war da zu lesen – auf Deutsch: „Die Blaseninfektion ist wieder da.“ Eigentlich hätte es „Fahrradfahrer absteigen“ heißen sollen, aber der zuständige Beamte war nicht so gut in Walisisch … Ein anderes Verkehrsschild lautete übersetzt: „Zurzeit bin ich nicht in meinem Büro“, weil die Verkehrsbehörde eine automatische E-Mail-Abwesenheitsnotiz für die Übersetzung ihrer Anfrage hielt.

Wasserlassen

Auf öffentlichen Toiletten gibt es eine eindeutige Beziehung zwischen Besucherdichte und Harnlasszeit. Das ergab eine Untersuchung. Je mehr Urinale sich zwischen den sich erleichternden Männern befanden, desto kürzer mussten sie laufen lassen. Bei einem Urinal Abstand betrug die durchschnittliche Harnlasszeit 7,9 Sekunden; bei zwei Urinalen Abstand 5,9 Sekunden, bei drei oder mehr Urinalen nur noch 5,7 Sekunden. Je unprivater das Private ist, desto schwieriger gestaltet es sich.

Paruresis bezeichnet die Angst der Männer vor dem Wasserlassen in der Öffentlichkeit.

Weihnachten

In Deutschland bringt das Christkind die Geschenke am 24. Dezember; in den USA Santa Claus, der Weihnachtsmann (eigentlich der Nikolaus), am 25. Dezember und in Spanien die Heiligen drei Könige am 6. Januar.

In Deutschland wurde 2006 für 28 Millionen Weihnachtsbäume rund 620 Millionen Euro ausgegeben.

In Finnland sammeln die Weihnachtswichtel Joulutonttu die Wunschzettel der Kinder ein, der Weihnachtsmann Joulupukki bringt die Geschenke. Er lebt auf dem ohrförmigen Berg Korvatunturi in Lappland.

Wein

„Im Wein ist Wahrheit und im Wasser sind Fische" – so lautet der berühmte Spruch *in vino veritas* komplett. Zuerst schrieb diese Sentenz der griechische Dichter Alcaeus nieder, die heute gebräuchliche lateinische Version stammt von dem römischen Schriftsteller Plinius d.Ä. Tacitus berichtet gar, die Germanen hätten vor Ratsversammlungen Wein getrunken, weil sie glaubten, man könne betrunken nicht lügen.

Weltraumfahrt
Flüge in den Weltraum haben eine positive Wirkung auf den Blutdruck.

Bereits im Mai 1928 kündigte das Opel-Werk den Bau eines Raketenflugzeugs an. Hunderte von Freiwilligen – darunter eine Frau – meldeten sich, weil sie unter den ersten Passagieren sein wollten. Gebaut wurden mehrere Typen von Rennautos mit Düsenantrieb. Am 23. Mai 1928 erreichte Fritz von Opel auf dem Berliner AVUS im Raketenwagen RAK 2 (der von 24 Düsen angetrieben wurde) die Höchstgeschwindigkeit von 238 Stundenkilometern.

Im Comic-Strip *Peanuts* träumt der Hund Snoopy davon, der „erste Beagle auf dem Mond" zu sein – und das war er fast auch. Apollo 10 (Start: 18. Mai 1969, Landung 26. Mai 1969) testete die Mondlandung, die Mondlandefähre hieß „Snoopy" und kam der Oberfläche unseres Satelliten bis auf 14 Kilometer nahe.

Im Frühjahr 2011 waren insgesamt 520 Menschen bereits im Weltraum gewesen, und die Menschen hatten – wenn man alle Zeiten zusammenzählt – rund hundert Jahre im All verbracht, davon 154 Tage außerhalb des Raumschiffs bei Außenbordeinsätzen.

Insgesamt rund 600 000 Stücke Weltraumschrott, die größer sind als ein Zentimeter, befinden sich im Erdorbit, darunter 18 000 Einzelstücke, die mehr als zehn Zentimeter messen.

Raketenhafter Aufstieg Am 12. April 1961 startete Juri Gagarin als Oberstleutnant in den Weltraum und landete als Major – der sowjetische Ministerpräsident Nikita Chruschtschow beförderte ihn, während er sich im All befand.

Weltreich

Um 1920 erfasste das Britische Empire rund ein Viertel der Erdoberfläche.

Weltstädte

Paris auf den hinteren Plätzen ... Zu den größten Städten der Welt gehören weder London noch New York oder Paris: Auf Platz 1 steht Shanghai (18,3 Millionen Einwohner), auf Platz 2 Peking (15,8 Millionen), Nummer 3 ist Istanbul (13,8 Millionen), 4 Karatschi in Pakistan (11,8 Millionen), 5 Mumbai (früher: Bombay) mit 11,6 Millionen, 6 Moskau (11,2 Millionen), 7 Delhi (rund 11 Millionen), 8 São Paulo (10,8 Millionen), 9 Seoul im Korea mit 10,4 Millionen und auf Rang 10 das indonesische Jakarta mit 9,6 Millionen Einwohnern. Die weltgrößte Metropolregion, also kontinuierlich bebaute Fläche (Stadt mit Vorstädten), ist die Region Tokio mit 35 Millionen Einwohnern. Übrigens: Bei den größten Städten liegt New York auf Platz 15, London auf 20 und Paris auf Platz 106.

Weltuntergänge

Je nachdem, wie alt Sie sind, haben Sie schon mehrere genau vorausberechnete Weltuntergänge überlebt: Allein in den letzten fünfzig Jahren wurden die Daten 14. Juli 1960, 1976, 31. März 1999, August 1999 und der 21. Mai 2011 orakelt – bislang aber ging es jedes Mal weiter. Die nächste Chance übrigens ist der 21. Dezember 2012, an dem angeblich der Kalender der Maya endet.

In Toulouse zimmerten besorgte Bürger Anfang 1524 eine neue Arche Noah, weil der Tübinger Astronom Johannes Stöffler (1452–1531) anhand der Sternenkonstellationen für den 25. Februar des Jahres eine neue Sintflut vorhergesagt hatte.

Charles Fourier (1772–1837) sah eine paradiesische Zeit nach dem von ihm prophezeiten Weltuntergang voraus, in der sich die Meere der Welt in Limonade verwandeln würden.

Im Mai 2011 kursierte im Internet die Meldung, der 1979 verstorbene Raffaele Bendandi, ein italienischer Erdbeben-Astrologe, habe für den 11. Mai ein verheerendes Erdbeben und die Zerstörung Roms vorhergesagt. Viele Leute zog es aufs Land. Rom steht noch.

Weil manche Esoteriker das Dörfchen Bugarach im Département Aude in der Region Languedoc-Roussillon, Frankreich (193 Einwohner), für den einzigen sicheren Ort beim Weltuntergang am 21. Dezember 2012 halten und schon jetzt zu dem Weiler pilgern, hat der Bürgermeister Jean-Pierre Delord die französische Regierung um Hilfe bei der Bewältigung der Probleme gebeten, die sich Ende 2012 einstellen könnten. Unter dem Berg Pic de Bugarach soll sich eine riesige UFO-Basis befinden.

Wetter

Am 13. August 1849 fiel bei Balvullich, einer Farm nahe bei Muir of Ord, Ross-Shire, Schottland, ein Eisbrocken von sechs Metern Umfang vom Himmel.

Am 28. Dezember 1857 regnete es in Montreal Eidechsen.

Im Februar 1987 schneite es 45 Minuten lang etwa zehn bis vierzig Zentimeter Neuschnee im Urlaubsort al-Ain, rund 120 Kilometer von Abu Dhabi in den Vereinigten Arabischen Emiraten entfernt. Es war das erste Mal in der Geschichte, dass es dort geschneit hatte.

Froschregen ist ein keineswegs seltenes Wetterphänomen: Am 17. August 1921 regnete es in London kleine Frösche, im März 1925 mitten in der Wüste von Transvaal in Südafrika. Die Ursachen sind bislang unbekannt, auch wenn die Meteorologie annimmt, dass Froschregen mit Wasserhosen und Wirbelstürmen zusammenhängt.

Bis 1998 erhielten Hochdruckgebiete männliche, Tiefdruckgebiete weibliche Namen. Danach wurde die Praxis auf Druck von Frauenverbänden geändert: Nun erhalten Tief- (und natürlich auch Hochdruck-) Gebiete jährlich abwechselnd männliche oder weibliche Vornamen.

Wörter

Auch wenn es andere Herleitungen durchaus gibt, so geht das deutsche Wort Käfer ursprünglich auf das altägyptische Wort für Käfer, *cheper*, zurück. Der Käfer als Symbol für die Wiedergeburt war Namensbestandteil vieler ägyptischer Pharaonen.

Das altpersische Wort für „greifen" lautet „giriften".

Kormoran ist die Eindeutschung des lateinischen Begriffs *corvus marinus* – der Meeresrabe.

Das Wort Hängematte stammt von dem karibischen Wort *hamaca*. Heute noch heißt die bequeme Liege auf Französisch *hamak* und auf Englisch *hammock*. Hängematte ist also nicht die hängende Matte, sondern die Eindeutschung eines indianischen Begriffs.

Der deutsche Naturforscher Lorenz Oken (1779–1851) wollte das biologische Klassifikationssystem durch eine deutsche Benennung ersetzen, aus der die Verwandtschaftsverhältnisse der Tiere und Pflanzen sichtbar würden. So gab es plötzlich frei erfundene Pflanzennamen wie Bluster, Schraden, Schlutten, Schrallen, Grampen und Gulpen. Um alle Arten von Molchen zu benennen, erfand er das Wort Lurch. Die meisten von Oken geschaffenen Wörter sind längst vergessen, vieles aber ist uns auch geblieben: Quallen, die Lurche eben, aber auch Schleiche, Echse oder Falter sind Oken'sche Wortkreationen.

Ein weißer Schimmel – wenn etwas doppelt gemoppelt gesagt wird, nennt man das eine Tautologie, wie „leeres Geschwafel", „generelle Pauschalisierung" oder „unnützes Wissen".

Die folgenden Wörter werden unsere Enkel in einem Lexikon der vergessenen Begriffe nachschlagen müssen: Telefonzelle, Telefonhörer, Telefonschnur, Wählscheibe, bleifreies Benzin, Urlaubsdia, Bahnsteigkarte, Langspielplatte, Sendeschluss und Testbild.

Worin liegt eigentlich der Unterschied zwischen „anscheinend" und „scheinbar"? „Anscheinend" gibt einer Vermutung Ausdruck (anscheinend wurde hier lange nicht mehr geputzt), „scheinbar" einer Täuschung: „Scheinbar ohne Ende ist das Meer" (aber dahinter liegt ein weiteres Ufer), „scheinbar" ist der Herr Kollege krank (aber in Wirklichkeit macht er doch wieder blau …). Dagegen gibt es keinen Bedeutungsunterschied zwischen „obwohl" und „obgleich". Sie sind synonym, haben also die gleiche Bedeutung.

Welches ist das längste Wort der deutschen Sprache? Tatsächlich gab es von 1829 bis 1991 das Amt des Donaudampfschiffahrtsgesellschaftskapitäns (neue Rechtschreibung: Donaudampfschifffahrtsgesellschaftskapitän), ein Wort mit 42 (43) Buchstaben. 64 Buchstaben hat das Rindfleischetikettierungsüberwachungsaufgabenübertragungsgesetz (RflEttÜAÜG), über das 1999 das Parlament von Mecklenburg-Vorpommern beriet. Drei Buchstaben mehr bringt die 2003 verabschiedete Grundstücksverkehrsgenehmigungszuständigkeitsübertragungsverordnung (GrundVZÜV) in die Zeile, diese Verordnung wurde allerdings 2007 wieder aufgehoben.

So ein Schlamassel! „Wenn du Schlawiner weiter solche Fisimatenten machst und schummelst, dann gibt das ein Schlamassel!" In diesem Satz stammen zwei Worte aus dem

Hebräischen, eines aus dem Kroatischen und eines aus dem Französischen: „Massel“ (auch „Masel“ oder „Mazel“) heißt auf Hebräischen Glück, ein Glückwunsch lautet dann auch „Massel tov!“. Das Gegenteil davon – also Pech – findet sich im „Schlamassel“. Schlawiner ist eine Neubildung des 20. Jahrhunderts und ist eine Verballhornung Slowene bzw. Slawonier. „Fisimatenten“ ist die verdeutschte Fassung von „visepatentes“ (ordnungsgemäßes Patent) und bedeutete ursprünglich bürokratische, unnötige Probleme. Bei Schummeln weiß man es nicht genau, gewöhnlich wird es vom germanischen Wort „skamb“ abgeleitet, das krümmen, biegen bedeutet.

Wurm

Lange genug für eine Seeschlange, aber viel zu dünn: Die im Meer lebenden Schnurwürmer sind die längsten Würmer der Welt – die Spezies *Lineus longissimus* kann von dreißig bis zu 35 Meter lang werden (ist aber nur einen Zentimeter dick). Das längste Exemplar, nach einem schweren Sturm 1864 auf die West Sands bei St Andrews in Schottland gespült, ist ein über 55 Meter langer Wurm. Er gilt bis heute als längstes Tier, das je entdeckt wurde.

Xanten

Ein Wort mit X? Xangbuch! Der Ortsname Xanten ist ähnlich entstanden, nämlich aus Ad Santos, bei den Heiligen. Die Heiligen sind der Legende nach 330 römische Legionäre, die mit ihrem Anführer Viktor im Amphitheater der Stadt hingerichtet wurden, weil sie Christen waren.

Yeti-Denkmal

Nachdem innerhalb von einem Jahrzehnt über zwanzig Begegnungen mit Yetis nahe der russischen Stadt Kemerovwo im Kusnezker Becken gemeldet wurden, beschloss die Stadt 2009, dem Yeti ein Denkmal zu errichten. Der zottelige Bursche hält ein Snowboard in den Händen. „Ein bisschen Spaß muss sein", meinte dazu der Künstler Andrej Lyubchenko.

Zahlen

111111111 x 111111111 = 12345678987654321

Zähne

Der größte griechische Naturforscher und Schüler Platos, Aristoteles, glaubte, Männer und Frauen hätten unterschiedlich viele Zähne – und zwar der Mann mehr als die Frau (*Historia animalum* II 3, 501b19) Tatsächlich haben beide Geschlechter gleich viele Beißer, nämlich 32.

Zahnheilkunde

Falsche Zähne aus Rinderknochen als Zahnersatz und Brücken (zwei falsche, mit Golddraht umwickelte Zähne aus dem Friedhof El Gigel bei Gizeh) soll es bereits im alten Ägypten gegeben haben. Allerdings sind diese Befunde, zuerst von Linderer in seinem *Lehrbuch der Zahnheilkunde* 1851 beschrieben, nicht unumstritten.

Zehen

Ist der zweite und dritte Zeh neben dem großen Zeh länger als dieser, nennt man das „griechischer Fuß" oder „Mortons Fuß". Etwa zehn Prozent der Bevölkerung haben diese Bildung.

Der Mensch mit den meisten Zehen und Fingern war bis 2010 der sechsjährige Li Jinpeng mit 15 Fingern und 16 Zehen. Im März 2010 wurde er in einem Krankenhaus in Shenyang in der chinesischen Provinz Liaoning operiert und von den überflüssigen elf Fingern und Zehen befreit. Seitdem ist der damals 24-jährige Inder Haramb Ashok Kumthekar mit zwölf Fingern und 14 Zehen Rekordhalter.

Zehn Zehen gut

Menschen und Menschenaffen haben je fünf Finger und fünf Zehen an jeder Hand und jedem Fuß. Das ist nicht bei allen Säugetieren so. Agoutis haben an jeder Hand und jedem Fuß nur drei Zehen, manche Rattenarten weisen am Vorderfuß vier und am Hinterfuß fünf Zehen auf. Tapire haben vorn vier und drei Zehen hinten.

Zeit

Das Volk der Amondawa aus dem brasilianischen Amazonas kennt keine Wörter, die Zeitverläufe oder Zeitmessung andeuten: keinen Begriff für Zeit, Tag oder Jahr. Menschen erreichen kein bestimmtes Lebensalter, sondern ändern ihren Namen nach der Ausführung von Riten.

Jeden „Tag" werden zwei Stunden lang auf der Welt zwischen 10.00 und 11.59 Uhr Koordinierte Weltzeit drei unterschiedliche Tage gezählt, ereignen sich also gestern, heute und morgen gleichzeitig. Schreibt man z. B. in Koordinierter Weltzeit Dienstag, 10.15 Uhr, zählt man in Amerikanisch-Samoa Montag, 23.15 Uhr und auf der Insel Kiritimati (früher: Weihnachtsinsel) Mittwoch, 0.15 Uhr.

Mit einem Fuß im alten und mit dem anderen im neuen Jahr stehen ist ganz einfach: Man besuche die Inselgruppe Vanua Levu, ein Teil der Fidschi-Inseln. Die vorgelagerten Eilande Rabi und Taveuni werden von der Datumsgrenze entlang des 180. Längengrads durchschnitten. Auf Taveuni markiert eine große Tafel den Ort, an dem man mit dem westlichen Fuß im Gestern und dem östlichen Fuß im Heute steht.

Zeitungen

Als nördlichste Zeitung der Welt gilt die Wochenzeitung *Svalbardposten* aus Spitzbergen. Fünf Mann arbeiten in der Redaktion. Das Blatt erscheint seit November 1948 mit Sitz in Longyearbyen.

Die südlichste Tageszeitung der Welt ist die seit 1994 erscheinende *El diario del Fin del Mundo* (Die Tageszeitung vom Ende der Welt) aus Ushuaia im argentinischen Patagonien, das auch die südlichste Stadt der Welt ist.

Bis zu der Umstellung auf europäische Gepflogenheiten am 3. Mai 1966 druckte die ehrwürdige Londoner *Times* – wie praktisch alle englische Zeitungen – nur Kleinanzeigen und keine einzige Meldung oder Schlagzeile auf der Titelseite. Die Tradition war zuvor nur zweimal missachtet worden, 1805 zum Tod des Seehelden Nelson und 1965, als Churchill starb.

Nichts Neues unter der Sonne Schlagzeilen in der Zeitung *Sydney Morning Herald* am 20. Mai 1857: Krieg in Afghanistan, Krise in Teheran, Unruhen in China, Minister wurden ausgetauscht – und das Blatt klagt zwei Spalten lang über das schlechte Regenwetter der letzten Tage!

Zentaur

Der Zentaur, ein Wesen der antiken Mythologie, hat den Oberkörper eines Mannes und den Rumpf eines Pferdes. Der griechische Philosoph Lucretius hielt ihn für nicht existent, weil Pferd und Mensch unterschiedlich schnell altern: Der Teil, der Pferd ist, wäre bereits tot, wenn der Mensch das beste Mannesalter erreiche.

Ziegelmuseum

Das Weltziegelmuseum in Maizuro, Japan, stellt Ziegelsteine aus aller Welt aus. Anlässlich einer Sonderschau über Ziegel von berühmten Gebäuden in London, die unter anderem Ziegel aus Covent Garden und aus Baker Street Nr. 221b (dem angeblichen Wohnsitz des Meisterdetektiven Sherlock Holmes) ausstellte, besuchten über 10 000 Neugierige das Museum.

Zigaretten

Zigaretten gibt es erst seit 1850. Vorher wurde Tabak nur als Zigarre oder in der Pfeife geraucht.

Zölibat

Gewünscht hatte man sich die Ehelosigkeit der Priester schon immer, zumindest sollten verheiratete Priester enthaltsam leben. Aber erst im Jahr 1022 verkündete Papst Benedikt VIII., dass den Priestern von nun an unter Androhung von Strafe die Heirat verboten sei. In Deutschland rebellierten die Priester gegen den Beschluss, allein in Konstanz versammelten sich 3600 aufgebrachte Geistliche.

Zug

Im Schnitt 1200 Züge überqueren jeden Tag die 1911 errichtete Hohenzollernbrücke über den Rhein bei Köln.

Zugvogel

Neben Zugvögeln und Vögeln, die den Winter über in Deutschland bleiben, gibt es auch Teilzieher. Rund 25 Prozent der deutschen Amseln (hauptsächlich Weibchen) zieht in der kalten Jahreszeit ins französische Rhonetal, der Rest bleibt hier.

Zungenbrecher

Der schwerste Zungenbrecher Gut, nicht jeder kann Englisch, aber selbst die, die es können, können das nicht: She sells seashells by the seashore. The shells she sells are surely seashells. So if she sells shells on the seashore, I'm sure she sells seashore shells. Dreimal hintereinander ganz schnell sagen. Und wenn es nicht klappt, liegt es bestimmt nicht am blöden *th*!